# 激変する弁護士

文系エリートの実態と
失敗しない選び方

弁護士
宮田一郎

共栄書房

# はじめに

国民のほとんどが弁護士の仕事を知らない。裁判官ですら弁護士の仕事の実態を知らない。弁護士の仕事を知ったつもりの人は多いが、多くの場合、それは間違っている。

なぜかといえば、弁護士の仕事が外から見えにくく、企業や一部の人を除き、ほとんどの人が弁護士に相談をすることはあっても、依頼することが稀だからである。多くの人が「弁護士の知り合いがいた方がよい」と考えるが、たとえ弁護士の知り合いがいても、弁護士に依頼することはほとんどない。

多くの人が自分が住んでいる街にある法律事務所の場所を知らない。あるいは、自分が住んでいる街に法律事務所があることすら知らない。弁護士と司法書士の区別がつかない人も多い。一般の市民にとって弁護士は縁遠く、弁護士の仕事の内容はテレビドラマや巷の噂程度のことしか知らない人が多い。「知らない」ことが市民に不安をもたらし、裁判所や法律事務所は「何となく恐い」というイメージにつながる。

このような裁判や弁護士のイメージは、カフカの『審判』という小説を連想させる。『審判』の中で、主人公は何者かに告発され裁判を受けるのだが、裁判の内容、手続、弁護士の行動のすべてが曖昧模糊としており、主人公はまったく理解できない。裁判も弁護士の仕事も、「わけのわからないこと」だらけである。主人公は途中で弁護士を解任して本人訴訟をするが、結局、最後まで理由がよくわからないまま裁判所によって（と思われる）処刑される。

裁判で真相は何もわからない。法律用語や裁判手続をまったく理解できない人には、裁判は『審判』の中で主人公が経験したようなイメージになるだろう。日本でも、裁判は弁護士と裁判官が法律用語という一般の市民に理解不可能な言語を使い、法律家の仲間うちの「秘密のルール」に基づく非科学的な判断で事件を処理する特殊な世界……と私は考えている。

私は現役の弁護士であり、弁護士を続ける限り同業者の悪口を書きにくい。弁護士の世界は狭い「ムラ」社会であり、「弁護士ムラ」の利益に反する行動をとることはタブーである。しかし、この本はあえて弁護士の実像をありのままに書いた。それは弁護士の誰かが弁護士の実像を国民に明らかにしなければならないという、ある種の使命感のようなものを感じているからだ。

この本は大きく二部構成になっている。

I部では、市民にとってよくわからないであろう弁護士の実態を書いている。

それらは私が実際に経験したことであり、内容はすべて真実である。多くの法律事務所は企業や資産家の事件から得る収入で経営が成り立っており、資産や収入の少ない人は弁護士の主たる顧客層ではない。しかし、本書は、資産や収入の少ない一般の市民の紛争や事件を取りあげている。弁護士が主たる仕事の対象として考える紛争・事件と一般の市民が現実に抱える紛争・事件の間にギャップがある。そのギャップこそが問題なのだ。当てる光線の種類によって物の色が変わるように、ものごとはそれを見る視点次第でまったく別のものが見えてくる。

Ⅱ部では、弁護過誤について弁護士の経験に基づいて書いている。

私は30年以上弁護士をしているが、弁護士の問題行動が多いことを感じている。

２０２０年のアメリカ大統領選挙では、トランプの弁護団は選挙の不正を主張し、多くの裁判を起こした。トランプの弁護士たちは、口では「不正選挙の証拠がある」と言いながら、裁判所に選挙の不正の証拠をほとんど提出しなかった。裁判を起こした後で、不正選挙の証拠を探すお粗末さだった。「弁護士が裁判を起こすからには、何らかの証拠があるはずだ」と考える人が多いが、現実はそうではない。証拠があってもなくても、依頼者のために何でもする弁護士がいる。もし、このような弁護士が、証拠もないのに慰藉料請求や損害賠償請求をすればどうなるだろうか。アメリカの弁護士と日本の弁護士の違いは、程度の違いでしかない。

弁護士の問題行動のすべてが弁護過誤ではない。弁護過誤と言うためには、一定程度以上の違法性が必要になるからだ。しかし、違法すれすれの問題行動は紙一重であり、弁護過誤の予備軍である。弁護士の問題行動が弁護士を利用する市民に不利益をもたらすことに変わりはない。市民の立場では、弁護士の問題行動を知り、それを防ぐことが、弁護過誤と損害を受けないために必要である。

一般に、法律に関する記述は法律の専門知識がなければわかりにくいが、本書は一般の市民向けに書いたので、一般の市民にわかりやすい事例をとりあげている。それでも法律的な記述を避けられないので、よくわからない個所は読み飛ばせばよい。法律的な知識がなければそれに関する部分を正確に理解できないのは当たり前であり、記述の趣旨を理解してもらえれば、それでよい。

激変する弁護士——文系エリートの実態と失敗しない選び方◆目次

# I　絶望の弁護士界

# 第1章　弁護士は正義の味方とは限らない

## 弁護士のわかりにくさ

かつて、弁護士のイメージとして、困っている人を助けて正義を実現する「正義の味方」、高学歴で高収入の「エリート」というイメージがあった。弁護士になるためには原則として司法試験に受かることが必要であり、かつての司法試験は1年間に500人しか受からず、合格率は約2パーセントで、日本で最も難しい国家試験だと言われていた。

同時に、弁護士に依頼して裁判をするといくら金がかかるかわからず、「○○さんは弁護士に依頼して裁判をしたが、裁判費用を払うために家を売ったそうな」などの噂がまことしやかに流れていた。確かに、そのようなケースがないわけではない。江戸時代には民事裁判が数万件あり、裁判をする地主や商人は私財を投げうって、何年も江戸で暮らしながら裁判をすることが多かった（『江戸・明治　百姓たちの山争い裁判』渡辺尚志、草思社、２０１７など）。

かつては、裁判をする人は企業、事業者、裕福な市民に限られていた。それ以外の一般の市民のほとんどは、生涯、弁護士に依頼することはなかった。一般の市民は、弁護士に知り合いがいるというだけで、依頼をしたことがなくても、それを自慢する人が多かった。私が弁護士になったのは、昭和の時代の終わり頃のことだが、当時、初対面の人に私が弁護士だと言うと、「私の知人に○○弁護士がいますが、ご存じですか」と言う人がけっこういた。その人は、弁護士に知り合いがいることを自慢していたのである。「ご存じですか」と言われても、当時でも日本にはけっこうな数の弁護士がいたので、私がその弁護士を知るはずがなかった。

ましてや、弁護士に依頼したことがあるという人は庶民の間では大変珍しく、そういう人には周囲の庶民から感嘆の声が上がることがあった。それは、「弁護士に依頼することができるだけの金がある」ことを示し、一種の社会的なステイタスを意味した。あるいは、人によっては、「裁判を起こすほどの変わった人」を意味する場合もあり、呆れる人もいた。いずれにしても、かつては弁護士に依頼して裁判をするなどということは、凡人のすることではなかったのである。

テレビ、新聞、小説などに、しばしば、大企業や国を相手にした裁判や冤罪事件などで活躍する弁護士が登場し、テレビドラマには、真犯人を見つけて気の毒な被疑者の無実を証明する弁護士が登場する。弁護士をよく知らない市民は、素朴に、「弁護士はカッコイイ」と考え、弁護士は人々の憧れの職業だった。

同時に、毎晩飲み歩き、休日にゴルフをする弁護士のイメージや、大企業や政治家、有名な芸能人、スポーツ選手の代理人としてマスコミに登場する弁護士のイメージ、金のために何でもするあくどい弁護士のイメージも一部にあった。

しかし、最近は週刊誌などで、「食っていけない弁護士」といった記事が目立つようになった。弁護士の人気が低下し、法科大学院の約半数がつぶれた。２０１４年の国税庁の統計資料では弁護士の所得の中央値が４００万円であり、２０１８年の日弁連の調査では、年収２００万円～５００万円の弁護士が多い。このような弁護士の記事について、「それは嘘だ」、「弁護士が収入をごまかしているだけだ」などの市民の意見もある。「都会では弁護士が過剰だが、田舎では弁護士が足りない」という意見もあれば、「田舎では弁護士は食っていけない」という意見もある。

他方で、テレビのバラエティ番組では派手なパフォーマンスをする羽振りのよさそうな弁護士が登場し、その「親しみやすさ」が視聴者の人気を集める。

事件や事故が起きる度に真相を究明するために検証委員会が設置され、その委員として、公正、中立の立場で毅然とした姿勢で検証を行う弁護士もいれば、情報を隠蔽する自治体の代理人として行動する弁護士もいる。

社会を震撼させる凶悪事件の被害者の代理人として被害者の救済に尽くす弁護士もいれば、

凶悪事件の加害者の弁護人になり、世論から「なぜそんな奴の弁護をするのか」という非難を浴びる弁護士もいる。

最近は、依頼者の預り金を着服したり、詐欺事件を起こす弁護士が増えている。

いったい弁護士の実態の、どれが正しいのだろうか。

日本には弁護士が約4万2000人おり（2020年）、さまざまな弁護士がいる。「正義の味方の弁護士」もいれば、「高収入のエリート弁護士」もいれば、「食っていけない弁護士」や悪徳弁護士もいる。「正義の味方の弁護士」が「高収入のエリート弁護士」である場合もあるが、「食っていけない弁護士」の場合もある。マスメディアが取り上げる弁護士が、収入が多いとは限らない。資産のない市民の事件ばかり扱う弁護士は収入が少ない。弁護士はさまざまである。

開業医の仕事がよくわからないと言う人はほとんどいないが、弁護士の仕事を知らない人は多い。多くの人がテレビや新聞などを通して弁護士の仕事のイメージを形成するが、メディア関係者も弁護士の仕事がよくわかっていないので、マスメディアがもたらす弁護士の情報も正確ではない。

多くの人が、「弁護士は○○である」という固定されたイメージを持とうとするが、弁護士は多様である。この点は、ひとくちに「不動産業者」「社長」と言っても、大企業の社長もいれば零細企業の社長もいるのと同じである。

弁護士には、1年間に何億円も稼ぐ弁護士もいれば、収入0円の弁護士もいる。弁護士の収入はピンからキリまであり、高収入の弁護士もいれば、食っていけない弁護士もいる。今の日本では、さまざまな格差があることは当たり前であり、大学を卒業しても仕事のない者、資格があっても就業できない者、派遣労働などの不安定雇用に就く者、リストラされる者、転職先のない中高年者などがいる。弁護士もその数が増えたために、そのような「格差社会」に取り込まれただけのことだ。それでも、「しかし、エリートである弁護士は違うのではないか」と考える人が少なくない。それは、かつての弁護士の「殿様」のイメージにとらわれているからである。

他方で、市民からは「弁護士の収入が減ったとしても、だからどうだと言うのか」、「年収400万円はまだよい方だ。俺は年収300万円だ」などの声がある。

## かつての弁護士の実態

私が弁護士になって驚いたことは、弁護士の金遣いの荒さである。多数の司法修習生や若手弁護士を引き連れて夜のネオン街を豪遊する弁護士がけっこういた。そのような弁護士が一晩で使う飲み代の額は、弁護士として成功したステイタスを示していた。その日、依頼者からもらった刑事事件の着手金30万円をポケットに入れて、一晩で飲み代30万円を使う弁護士は、

「刑事事件はよい小遣い稼ぎになる」と豪語した。酔った勢いで店で何十枚もの1万円札をばらまき、それを拾ったホステスにその金を与えた弁護士もいた。この弁護士は弁護士の仲間うちで、「あいつは普段はともかく、酒を飲むと面白い」と言われて人気があった。

何十万円もの金は財布に入らないので、札束のままポケットに入れて持ち歩く弁護士がいた。ある弁護士がバッグの置き引きに遭ったが、そのバッグに70万円が入っていた。ちなみに、当時の私の財布に入っていた金額は、いつもだいたい1万円程度である。その後、弁護士の経験を積むにつれて、私の金銭感覚も次第に麻痺していったのだが。

弁護士になった当初、私は先輩弁護士から、しばしば、「弁護士なのだから、ケチケチするな」と言われた。その頃、すべての弁護士が金を稼いでいたわけではないが、少なくとも見かけ上は、弁護士は羽振りがよさそうに振る舞うことが求められた。その点で、弁護士は「殿様」だった。弁護士を接待する依頼者は事業の成功者や資産家が多く、夜の歓楽街で気前よく金を使った。弁護士の前で自分が「成功者」であることを誇示したいのである。一晩で60万円を使って弁護士を接待した依頼者もいた。

夜のネオン街をハシゴする弁護士は、「成功した弁護士」の象徴であり、それに憧れる若い弁護士が多かった。友人の中には、「○○先生のように夜の繁華街で豪遊してみたい」と本音を漏らす正直な若い弁護士もいた。

私は、夜のネオン街にまったく関心がなかったので、先輩の弁護士から、「君は遊んでいないねえ」などと言われた。日頃、健全なスポーツで遊んでいた私は、内心むっとしたが、それを口にすることはしなかった。その弁護士は親の法律事務所を継いで弁護士になり、地方の弁護士会の会長や企業の顧問などをしていた。おそらく「田舎の名士」だったのだろう。

弁護士が頻繁に飲み歩くのは、もともと派手好きで夜の歓楽街が好きな人間が弁護士になる傾向があるという理由以外に、飲食が弁護士の顧客獲得の重要な手段になっている点がある。弁護士出身の司法研修所のある教官は、酒を一滴も飲めなかったが、「酒席に出ることは弁護士の重要な仕事である」と司法修習生に教えていた。その弁護士は無理がたたったのか、60歳くらいで病気で亡くなった。弁護士がゴルフをし、歓楽街を飲み歩くのは、企業の営業活動や政治家の行動と同じである。弁護士はゴルフ、夜の歓楽街、コネや人脈を通して顧客を獲得する。もし、開業医がゴルフ、夜の歓楽街、コネや人脈を通して患者を獲得するとすれば、まともな医療ができるだろうか。

弁護士の飲食の多さは、仕事上のストレスも関係している。弁護士は他人の喧嘩の一方に肩入れする仕事なので他人から恨まれやすく、ストレスが生じやすい。弁護士の仕事は、一度に30件くらいの喧嘩の相手を抱えているようなものである。自分のやりたくない嫌な交渉を弁護士に依頼する人が多い。弁護士は、裁判の勝ち負けに一喜一憂し、裁判に負ければ依頼者から非難を受ける。弁護士はストレスの解消法として酒を飲み、自分が扱った事件の自慢話をし、裁判官の悪口を言う。この点は、企業や役所の職員と同じであり、ストレスの多い職種ほど大量の酒を飲む。毎晩、午前0時以降も仕事をし、政治家に翻弄されてストレスの多い財務省や経済産業省などのキャリア官僚は、酒を飲むことくらいしか楽しみがない。その代わりに、不摂生がたたって早死にしたり、うつ病などの精神疾患にかかる弁護士が少なくない。

弁護士には、消費者団体、文化団体、社会運動組織、ボランティア団体などから頻繁にカンパの依頼が来る。高校の文化祭や少年野球大会でも弁護士にカンパの依頼が来る。誰もが「弁護士は金を持っている」と思うようだ。

当時、弁護士は最低でも1万円はカンパしなければならない雰囲気があった。弁護士になった当時、私は完全給料制のイソ弁（雇用された弁護士）であり、給料の額は年間500万円くらいだった。しかし、年間約60万円の弁護士会費や交通費、書籍購入費などの支出は自己負担である。私には小さな子供がおり、妻が出産のために休職中であり、おまけに弁護士になってすぐに家を建て、住宅ローンを抱えていたので金がなく、5000円をカンパした（財布の中に1万円しかなかったので全額をカンパするわけにいかなかった）。その時のカンパ集金者の目は、明らかに「弁護士のくせにケチくさい」という軽蔑の眼差しだった。

私が弁護士になった頃の弁護士は「勉強しない」と言われていた。各地域の弁護士会の会報には趣味やレジャーの記事と会議の報告が多く、法律の専門家らしい論文はほとんどない（この点は現在も同じである）。当時は昭和の時代であり、法律の改正が少なく、20年、30年前の法律の教科書に書いてある知識だけで弁護士の仕事ができた。当時、弁護士になってからほとんど勉強をしない弁護士がけっこういた。弁護士が読む法律の本は、書式集やマニュアル本の類の安直な本が多く、法律の論文などを読む弁護士は少なかった。

逆に、法律を勉強したからといって事件の依頼が増えるわけではなかった。当時は、弁護士に依頼する者が限られ、金払いのよい顧客層は古参弁護士が握っていた。若い弁護士は古参弁護士の事務所にイソ弁として雇われ、何年かその事務所に勤めた後に独立して開業し、その際に金払いのよい顧客層の一部を古参弁護士から譲ってもらうことが慣行になっていた。当時は、弁護士登録した弁護士がいきなり開業しても、すぐに金払いのよい顧客層を獲得することは難しく、開業当初は多くの顧客を持つ弁護士の下請け的な仕事をすることが多かった。当時は、弁護士が法律を真面目に勉強しても収入が増えることがなく、収入を得るためにはコネや人脈が重要だった（弁護士の数が増えた現在は、コネや人脈以外に積極的な営業活動が弁護士が食っていけるかどうかを左右する）。もちろん、法律家としての専門性を磨く弁護士もいたが、弁護士全体の中でそのような弁護士は限られていた。

## 弁護士の仕事の変化と弁護士像の変化

しかし、1989年あたりからは、破産や債務整理事件が増え、弁護士への依頼者層が拡大した。これらの事件は新規開業弁護士にも依頼が来るので、即独（ソクドク。弁護士になってすぐに開業すること）がしやすくなった。破産や債務整理事件などの消費者事件は、主として所得の少ない階層の人たちが弁護士の依頼者になった。

さらに２００１年の司法制度審議会の意見書により弁護士の大幅増員が決定され、２００４年に法科大学院ができて以降、弁護士の業界は大幅に様変わりした。弁護士の業界に競争と格差が生じ、弁護士は資格があるというだけでは食っていけなくなった。最近は、年収数千万円の弁護士もいるが、年収３００万円程度の弁護士も多い。今では、弁護士の平均的な収入はそれほど多いわけではなく、大企業の社員に較べれば弁護士の平均収入は少ない。弁護士になると民間企業に就職した大学の同級生たちよりも収入が少なく不安定なので、学生の間で弁護士の人気が凋落した。同時に、法科大学院の人気も凋落し、今では優秀な学生は法科大学院に入らない。優秀な学生は金のかかる法科大学院に入らず、予備試験を受けて弁護士になる。

かつては、弁護士になった後は法律の勉強をあまりすることなく、もっぱらゴルフや夜のネオン街での顧客開拓をする弁護士が多かったが、現在は、若い弁護士は頻繁に改正、制定される法律をよく勉強している。しかし、弁護士は、いくら法律を勉強しても事件の依頼がなければ、知識を仕事に生かすことができない。たとえば、行政訴訟についていくら勉強をしても、地方では行政訴訟がほとんどないため、行政訴訟の勉強は無意味となる。企業法務の勉強をしても、その種の事件を扱う弁護士は限られる。私は若い頃、リース（賃貸借に似た契約）について研究会で勉強をしたが、その後20年間、リースに関する事件の依頼はなかった。製造物責任訴訟についても勉強をしたが、30年間で1件も扱うことがなかった。製造物責任訴訟は日本全体で1年間に10件くらいしかない（アメリカでは1年間に1万件くらいあるらしい）。

このように、弁護士はいくら専門的な知識を増やしても、それを生かせる機会がなければ収入を得ることができない。何より、顧客がいなければ、いくら専門的な知識があってもそれを使う機会がない。そのため、「弁護士は法律を勉強するヒマがあったら、もっと営業活動をしろ」ということになる。これは、「学生は勉強をするヒマがあったら、もっと就職活動をしろ」ということに似ている。

かつての夜のネオン街で豪遊する弁護士は、企業関係者や資産家から「ものわかりがよく、親しみやすい」として信頼を得ていた。また、かつての弁護士は、依頼者に同情すれば「報酬はいりませんよ」と気前よく言うことがあった。金を稼いでいる弁護士は、金のない依頼者からはあまり金を取らない傾向があった。弁護士が依頼者に、「私の報酬はいりませんから、この内容で和解したらどうですか」と言って説得することも多かった。

また、裁判官の意向を汲んで依頼者を強引に和解させる弁護士もいた。そのような弁護士は、「依頼者を抑えることができる弁護士」として裁判所の評判がよかったが、依頼者からは「高圧的な弁護士」として反発を受けることがあった。

しかし、最近は、間違っても依頼者を叱りつける弁護士などいない。最近は、どの弁護士も依頼者を非常に丁重に扱い、依頼者の資力に関係なく、委任契約書に基づいて着手金や報酬額を正確に計算し、減額することなく請求する傾向がある。

また、最近の弁護士は依頼者の意向に忠実な傾向があり、事件の相手方を依頼者に代わって攻撃する弁護士が増えている。離婚などの感情的な対立のある事件では、弁護士が相手方を攻撃すればするほど依頼者から評価される。その意味で仕事に「熱心な」弁護士が増えた。この点で日本の弁護士はアメリカの弁護士に似てきたといえよう。アメリカでは、弁護士に関するトラブルの多くが、弁護士の「競争」と「仕事への熱意」から生じると言われている。

最近は、弁護士による預り金の着服や詐欺事件が増えている。これは、弁護士の競争と格差の拡大に伴って、食っていけない弁護士が増えたことが影響している。

私が弁護士になった時、私に「弁護士の資格があれば、一生食っていけますよ」と述べたある先輩弁護士は、弁護士会の理事者や弁護士会の倫理講習の講師などをしていたが、その後、刑事事件を起こして弁護士会から除名された。私の知人のある弁護士は、一時は東京の銀座に法律事務所を開設して羽振りがよかったが、依頼者の預り金を着服して横領罪で有罪判決を受け、弁護士会から除名された。その弁護士は、司法修習生の頃から「ゴルフは弁護士に必要である」と言い、勉強よりもゴルフの方に熱心に励んでいた。ヨットを所有していた別の知人の弁護士も事務所経営に行き詰まり、依頼者の金を着服して弁護士会から除名された。

弁護士は法律の知識があるだけに、簡単に詐欺や横領をすることができる。最近の弁護士会は倫理マニュアルや研修をさかんに実施して、不祥事の防止に躍起だが、弁護士の不祥事の増加を食い止めることができない。これは弁護士の競争と格差拡大に伴うリスクである。

弁護士による詐欺や横領などの不祥事はわかりやすいが、問題は詐欺に至らない巧妙な弁護士商法が増えたという点である。弁護士の数が増えれば弁護士費用が安くなるかといえばそうではなく、「相談料無料、着手金無料」の広告で顧客を集め、多額の報酬をとる弁護士が増えている。「報酬は10パーセント」と広告しても、報酬以外の「経費」の名目で依頼者から多額の金をとる弁護士がいる。アメリカの弁護士の報酬は、経済的利益の30～40パーセントくらいだと言われているが、日本でも契約書に明記すればそれが可能である。

弁護士が、報酬を見込める事件は熱心に事件処理をし、報酬を見込めない事件では手抜きしても、依頼者にはわからない。まったく勝ち目のない事件で裁判をすることを依頼者に勧める弁護士。本来、交渉でまとまるはずの事件を、交渉を一方的に打ち切って強引に裁判に持ち込む弁護士（裁判の着手金が弁護士に入る）。弁護士報酬が大きくなるように和解内容を工夫する弁護士。弁護士報酬が入らない和解を拒否する弁護士。高額な報酬額を目立たないように委任契約書に盛り込む弁護士。たとえば、「報酬額は旧日弁連規定による」という委任契約書があり、これでは依頼者はその意味を理解できない。委任契約書を巧妙に作れば、弁護士が多額の報酬を取ることができる。最近は弁護士費用特約のついた自動車保険が多いが（交通事故の弁護士費用を保険でまかなう制度）、これを利用して弁護士に交通事故の交渉や裁判を委任する場合に、弁護士が非常に高額な弁護士費用を保険会社に請求する傾向がある。あまり意味があるとは思えない申立をくり返し行って弁護士費用を稼ぐ弁護士。裁判での請求額を水増して高額な着手金を取る弁護士など。

多くの人が弁護士に依頼するのは一生の間に1回あるかないかであり、弁護士は1回限りの依頼者からできるだけ多くの報酬を取ろうとする。依頼者は弁護士に依頼するのが初めてなので、それが高いのか安いのかがわからない。弁護士は、「初めての客」からは「金を取れるだけ取る」が、顧問企業のような「常連客」については報酬額を抑える傾向がある。顧問企業はそれまでに弁護士に毎月の顧問料を払っており、さらに、「今後のこともある」からである。依頼者によって報酬の取り方が違うことは、弁護士の「常識」である。

私は、弁護士になってすぐに、ある弁護士から「先生は一見（イチゲン）の相談者でも受けられますか」と尋ねられたことがある。私は一瞬、その意味が理解できなかった。当時は一見の相談者、つまり面識のない相談者からの相談を受けない弁護士がいた。当時、弁護士に依頼する人は限られ、弁護士のほとんどの顧客が固定客だった。この点は、かつて住宅ローンや教育ローン制度のない頃の銀行が一般の庶民を融資の対象と考えていなかったことに似ている。

依頼者によって態度をガラリと変える弁護士がいる。弁護士にとって「よい顧客」には丁重だが、そうではない顧客には高圧的になる。そのような弁護士は、裁判官の前では必要以上に低姿勢になることが多い。そのような場面を私は何度も実際に見たり聞いたりした。これらについて市民から弁護士会に苦情申し立てされるのは、ほんの一部である。

かつての開業弁護士の主流をイメージで示すとすれば、「武士」か「殿様」だろう。開業弁護士はそれぞれ一国一城の主であり、いつも周囲から「先生」と呼ばれて持ち上げられ、プライドが高く、一般の市民に対し上からの目線で威張る傾向があった。

これに対し、現在の弁護士の主流のイメージは不動産業や金融業に従事するビジネスマンだろう。表面的には消費者に対し非常に低姿勢で人あたりがよいが、頭の中ではいつも金のことを考えている。一口に不動産業者、金融業者といっても大企業から零細企業までさまざまであり、収入も能力もピンキリである。ガラの悪い金融業者はかつてのサラ金である。

かつての「殿様」だった弁護士は広告が禁止されていたが、今では電話帳にサラ金と弁護士の大きな広告が目立つ。「電話帳のサラ金の広告を見て金を借り、その横の弁護士の広告を見て弁護士に相談して借金を整理する」と言えば、面白くないブラックジョークになる。広告チラシを戸別配布するのは若い弁護士には当たり前である。アメリカでは事故が起きれば、事故現場に弁護士が駆けつけて事件の依頼の勧誘をするが、日本の弁護士がそれをしてはいけない理由はない。刑事事件で逮捕されれば当番弁護士が駆けつけるのだから、事故や災害があれば駆けつける民事当番弁護士がいてもおかしくない。「自称」民事当番弁護士は既にいるかもしれない。

弁護士の数が増えた分だけ、個々の能力と資質はさまざまである。優秀な弁護士もいればそうではない弁護士もいる。弁護士の増加分の大半は、おそらく「そうではない弁護士」かもしれない。

以上の点は弁護士の全体的な傾向を述べただけであって、すべての弁護士に当てはまるわけではない。弁護士はさまざまであり、多様である。

## テレビドラマに登場する弁護士のイメージは間違い

テレビドラマに登場する弁護士は、刑事事件の真犯人を突きとめ、犯人だとされた人（被疑者、被告人）の無実を明らかにすることがある。しかし、現実の弁護士が、真犯人捜しをすることはない。犯人捜しは警察の仕事であり、弁護士は警察が探し出した犯人とされる人の弁護をするのが仕事である。ほとんどの刑事裁判で被告人（裁判を受ける人）が罪を認めているので、犯罪を犯したかどうかの審理をすることなく、有罪であることを前提に量刑を決める。たとえ加害者であっても、量刑をできるだけ軽くするのが弁護士の仕事である。しかし、それをドラマにしたのでは視聴率を稼げないので、テレビでは非現実的なストーリーにする。今の社会では、多くの人があらゆることに関してマスメディアから間違ったイメージを与えられ、ものごとを判断している。

優秀な弁護士が難事件で勝つテレビドラマのストーリーがあるが、実際にはそのような事件は稀である。ほとんどの裁判は事件のスジ、証拠の有無、裁判官に左右され、弁護士の経験や技術によって裁判の結論に差が出ることは少ない。重要な証拠の有無が弁護士によって変わることは少ない。稀に「優秀な弁護士」が新たな証拠を発見し、あるいは、その技術と経験で勝訴に導くケースがあるが、件数としては少ない。それはもっぱらマスメディアとテレビドラマが利用する弁護士のイメージである。医師の経験や技術に格差があり、普通の医師が治せない病気を「名医」が治すことがあるが、それは稀である。医師の水準は平準化されており、弁護士もそれに似ている。

冤罪事件で無罪を勝ち取る弁護士をマスメディアが大きく取り上げるが、これは極めて稀なケースである。ほとんどの刑事裁判で被告人は罪を認め、裁判では刑の軽重（量刑）だけが審理される。私はこれまで500件くらいの国選弁護事件（国が弁護士の費用を支払う事件）を扱ったが、本気で無罪を争う事件は数件しかなかった。本気で無罪を争う被告人は国選弁護人ではなく、私選弁護人をつけることが多く、これは30～50万円の弁護士費用がかかり、誰でも私選弁護人をつけられるわけではない。刑事裁判を担当する弁護士は、罪を認めている加害者の刑の軽重を1、2回の審理で決めるという地味なイメージが正しい。多くの市民はそのような刑事弁護人のイメージを「つまらない」と感じるのではなかろうか。刑事裁判に限らず、弁護士の仕事の多くが極めて地味な事務的作業である。

弁護士の間違ったイメージは、マスメディアが伝える情報が間違っていることに加えて、弁護士が市民に縁遠いことから来る。ほとんどの人は弁護士に依頼するのは一生の間に一度あるかどうかであり、弁護士に依頼することは稀である。「弁護士が増えれば、弁護士の知り合いができる」と考える人が多い。しかし、誰でも、医師の知り合いがいなくても病院に行く。「弁護士の知り合い」は弁護士に依頼するためではなく、「弁護士の知り合いがいれば、いざという時に備えて何となく安心できる」という意味が強い。そこでは、弁護士は「安心」の材料に過ぎない。多くの人が弁護士が増えることを歓迎するが、弁護士に依頼したいとは考えていない。弁護士に依頼しないのであれば、弁護士は必要ないのではないか。

## 人権派弁護士の衰退

冤罪、労働事件、過労死、学校事故、公害、消費者事件、医療事故などがマスコミで大きく取り上げられ、それらの裁判で活躍する弁護士が脚光を浴びる。このような弁護士のイメージから、「弱い者を助け正義を実現する弁護士」のイメージが作られる。

弁護士がこのような社会的に重要な事件を扱うのは必要なことだが、問題は、このような事件の多くが「収入を得られる仕事」ではないという点である。「弱い者を助け正義を実現する」仕事の多くは、弁護士のボランティア的な仕事として担われている。まったくの無償ではないにしても、交通費や経費、若干の弁護士費用程度の収入にしかならないことが多い。

冤罪、労働事件、過労死、学校事故、公害、消費者事件、医療事故などを扱うだけでは弁護士は生活できない。のみならず、これらの事件では弁護士が経費を持ち出しで負担することが多い。弁護士数が一人の通常の開業弁護士は、毎月100万円前後の事務所経費がかかる。それは、事務所の家賃、事務員の給料、光熱費、交通費、リース料、弁護士会費、各種会費、書籍代、通信費、保険料などである。ボランティア的な活動をする弁護士にこれらの事務所経費の負担が重くのしかかる。

従来、冤罪、労働事件、過労死、学校事故、公害、消費者事件、医療事故などを扱う弁護士は、これら以外の「通常事件」で法律事務所を維持できるだけの収入を得ることができていたと言うよりも、かつての人権派弁護士は、他の弁護士と同じくかなりの収入を得ていた。

しかし、弁護士の数が増えた現在、人権派弁護士が「通常事件」で収入を得ることが困難になりつつあり、人権活動が困難になりつつある。日本全体の「収入を得られる事件」の数が増えておらず、弁護士間の競争が激しくなっているからである。ボランティア的活動に多額の経費がかかるため、そのような活動が困難になっている。弁護士は、経済的に事務所を維持するのがやっとという状態になると、「人権活動どころではない」という心境になる。

あるいは、「通常事件」での収入の減った弁護士が、冤罪、労働事件、過労死、学校事故、公害、消費者事件、医療事故などから収入を得ようとすれば、弊害やトラブルが生じやすい。自然災害の被害に対し弁護士の有志が弁護団を結成し、被災者から高額な着手金を要求すれば不満が生じやすい。最近は、労働事件、過労死事件、消費者事件などで高額な費用を取る弁護士が増えている。

　ある再審刑事事件を扱ってマスメディアで有名になった弁護士は、別の事件で悪徳業者の顧問弁護士になっており、被害者団体から激しい非難を受けていた。その弁護士は再審事件に1000万円以上私費を投じたとマスメディアに述べていたが、再審事件以外の事件で金を稼がなければ、再審事件に多額の経費をかけることができなかっただろう。発展途上国で無償の人権活動をする弁護士の多くは、仕事で収入を得なくても生活できるだけの資産を持っている。ナイチンゲールはイギリス有数の資産家だった親の援助を受けていたので、無償で社会活動ができた。自分の生活費をまかなえない人は、他人からのカンパでもない限り無償の活動を行うのは無理である。

　アメリカの『路上の弁護士』（ジョン・グリシャム、新潮社、1999）という小説では、年収数千万円の勤務弁護士から年収300万円あまりの路上の弁護士に転進し、生活困窮者たちの救済にあたる主人公が登場するが、現実にはさまざまの経費がかかるので、年収300万円でまともな仕事をすることは難しい。

　『ワイルド・スワン』（ユン・チアン、講談社、1993）は中国の政治について書かれた本だが、その中で革命前の中国では、開業医が裕福な資産家の顧問医になれば、数名の患者で高額な報酬が得られ、他方で、多くの貧しい庶民を相手に治療をする開業医が経済的に困窮する状況が述べられている。当時の中国では治療費や薬代を払えない人が多かったので、多くの貧しい患者が「行列を作る」医院はつぶれた。現在の日本では、貧しい市民の事件を多く扱う弁護士は経済的に苦しい。

弁護士の増加の結果、日本の人権派弁護士の経済的な基盤が失われつつある。かつて弁護士会の中では、人権派弁護士が「花形」であり、企業法務（企業が関わる法律問題）を扱う弁護士はイメージが悪く、肩身が狭かった。しかし、今やそれが逆転し、企業法務を扱う弁護士は、法科大学院でも司法研修所でも「花形」であり、学生や修習生の憧れの的である。若い弁護士の間では、「企業法務を扱うのでなければ弁護士ではない」という風潮さえあるようだ。しかし、企業法務を扱う弁護士の需要はそれほど増えておらず、それにあずかるために弁護士の競争がある。他方で、弁護士は人権活動をしても食っていけないという雰囲気が広がっている。

弁護士の人権活動の衰退は国民にとって重大なことだが、関心を持つ国民は少ない。なぜかと言えば、弁護士の人権活動の対象となる人は国民全体の中で常に少数派だからである。冤罪、労働事件、過労死、学校事故、公害、消費者事件、医療事故などの被害者は、いつの時代でも社会的少数者である。誰でもこれらの事件の被害者になる可能性があるが、誰でもこれらの被害者になるわけではない。これらの事件の被害者になる者は社会の中で限られる。そのため多くの人が現実に自分が事件や事故の被害者になるまで、事件や事故を他人ごととして考えやすい。

この点は、自然災害の被害を他人ごととして考える傾向と同じである。自然災害が日本で多発しているが、災害の被害者の数は日本の人口の中では極めて少ない。2011年の東日本大震災の被災者は多いが、それでも日本全体の人口に較べれば被災者は圧倒的な少数派である。原発事故の被災者に国民は同情するが、それが国政レベルで政治的な多数意見になることはない。自分が自然災害の被災者になる確率はそれほど高くない。そのため、日本各地で自然災害が繰り返し起きても、他人ごととして考えやすい。沖縄での米軍基地被害も、東京に住む人には他人ごとである。

多くの国民は、冤罪、労働事件、過労死、学校事故、公害、消費者事件、医療事故などをマスコミが大きく取り上げると、これらに関心を持つが、あくまで他人ごととしての関心である。そのため、これらの事件の被害者のほとんどが、「まさか自分が被害者になるとは思わなかった」と言う。多くの国民は、弁護士がマスコミに登場すれば、「弁護士が目立ちたいだけだろう」とか、「弁護士はかっこいい」などと考え、傍観者としての関心を持つ。時には、それは野次馬的興味の対象になる。ある大手新聞社は社説に、「弁護士に経済的余裕がなければ人権活動ができないというのはおかしい」と書いたが、これも同じである。ほとんどの場合に新聞記者自身が事件や事故の被害者ではないので、事件や事故は、他人ごとである。

かつての人権派弁護士は、「よく稼ぎ、よく活動した」が、現在は経済的困難に直面し、人権活動をすることが困難になりつつある。このような状況を経済界や行政は、「自分たちが訴えられることが減る」として歓迎し、国民の中にも拍手喝采する人がいる。それは格差社会がもたらす屈折した心理である。しかし、それでも、弁護士のボランティア的活動は、今の社会で重要な役割を果たしている。

## 弁護士は正義の味方とは限らない

弁護士のイメージとして、困っている人を助けて正義を実現するイメージを持つ人がいるが、これは大きな間違いである。弁護士が、「正義を実現すべきである」ことは間違いではないが、それはあくまでタテマエである。

冤罪、労働事件、過労死、学校事故、公害、消費者事件、医療事故、ＤＶ事件などの被害者の救済に努める弁護士には、「困っている人を助けて正義を実現する」イメージがあるが、それらは弁護士が扱う事件の中では少ない。弁護士がそのような事件を扱いたいと考えても、機会にめぐまれなければそのような事件を扱うことがない。

また、これらの事件では必ず、紛争の相手方がいる。「困っている人」が抱える紛争の相手方の代理人の弁護士がいる。被害者がいれば、必ず「加害者」がいる。犯罪被害者の救済に努める弁護士がいるが、犯罪の加害者の弁護をする弁護士もいる。弁護士の仕事としては、犯罪加害者の弁護の方が多い。

最近は、しばしば学校でのイジメが問題になるが、イジメ事件の被害者の代理人弁護士、加害者の代理人弁護士、学校や自治体の代理人弁護士、検証委員会などの委員になる弁護士、それが裁判所の調停事件になれば調停委員を務める弁護士といったように、弁護士はさまざまな立場で事件に関わる。イジメ事件の被害者の代理人を務める弁護士に「正義を実現する」弁護士のイメージがあるが、加害者、学校、自治体の代理人になる弁護士は、「正義を実現しない」弁護士なのだろうか。学校や教育委員会がイジメがあったことを隠し、資料を隠蔽することがあるが、学校や自治体の代理人弁護士がそれを知っていることがある。あるいはイジメ事件が裁判になれば、学校や自治体の代理人弁護士が裁判で学校や教師の責任を全面的に否定する。そのような弁護士は「正義の味方」には見えない。

DV事件の被害者の代理人は、「困っている人を助ける」イメージがあるが、DV事件の加害者の代理人になる弁護士のイメージは「加害者の味方」だろうか。私はDV事件の被害者の代理人になることが多いが、加害者の代理人として加害者に対する保護命令を高裁で取り消させたことがある。高裁は、「被害者の主張は信用できない。保護命令の必要はない」と判断して保護命令を取り消した。

弁護士は、さまざまな立場にある人から依頼を受けるのであり、金さえもらえば誰からでも依頼を受ける。弁護士が「困っている人を助けて正義を実現する」ことにこだわり、それに当てはまらない事件の受任を拒否すれば、「弁護士に引き受けてもらえなかった」という市民からの苦情が出るだろう。

弁護士の依頼者は、社会的弱者もいれば社会的強者もいる。事件や事故の被害者もいれば、加害者もいる。社会の「負け組」もいれば、「勝ち組」もいる。経済的には弁護士の収入の多くが、社会的強者や「勝ち組」からの収入であって、弁護士の業界を経済的に支えているのは、社会的強者や「勝ち組」である。社会的弱者や「負け組」の代理人になる弁護士の仕事は収入につながりにくく、それらだけでは法律事務所を維持することが難しい。そこで、社会的弱者や「負け組」の事件を扱う弁護士は、それとは別に社会的強者や「勝ち組」の事件を扱うことが多い。労働事件を扱う弁護士が別の企業の顧問になること、消費者事件を扱う弁護士が金融業者の顧問になること、公害事件の被害者の代理人として国家賠償請求の裁判をする弁護士が別の事件では自治体の代理人になることは珍しいことではない。弁護士は社会的強者の味方であることが多いが、社会的弱者の味方をすることもある、と言うのが正確である。

弁護士会のパンフレットなどでは、弁護士が犯罪、イジメ事件、DV事件の被害者の救済のために活動することは宣伝するが、弁護士が犯罪、イジメ事件、DV事件の加害者のために活動することは宣伝しない。弁護士は市民から見て「よいイメージ」だけを宣伝することが多いが、「よいイメージ」とは反対の立場の人の弁護をする弁護士が必ずいる。弁護士は、依頼さえ受ければ、そして金さえもらえば、あらゆる人の代理人になり「何でもする」のである。というよりも、むしろ、それをしなければ弁護士としての職務をまっとうしたとは言えない。

弁護士は「社会正義を実現する」ことが使命とされるが、何が正義かは自明のことではない。

交通事故の被害者の損害賠償請求は「正義の実現」のイメージがあるが、過失割合の認定次第で、当初は「被害者」だった人が「加害者」になることがある。正義の内容をめぐって人間同士の紛争が生じ、それは時に国と国との間の戦争になる。身近な人間同士の戦争状態が裁判である。裁判の当事者の双方が、「自分こそが正しい」と確信しているので、自分を弁護してくれる弁護士は常にその人にとって「正義の味方」である。

## 弁護士の無責任

弁護士は仕事として弁護士をしている。弁護士の仕事上の発言の多くは、代理人としての発言であり、個人の意見ではない。そのため、裁判が終わった場合や依頼者との委任関係が終了した場合に、弁護士が発言内容に責任を持つわけではない。たとえば、交通事故の加害者の代理人として、交通事故の被害者に「必ず被害弁償をします」と述べて示談をした場合でも、委任関係が終了すればその件について弁護士は関与できない。弁護士は、依頼者が「必ず支払う」と言えば、それを相手方に伝えるが、依頼者との委任関係が終了すれば、その後のことはわからない。しかし、被害者は、弁護士が「必ず支払う」と言えばそれを信用しやすい。その後、加害者が支払いをしなければ、「弁護士が必ず払うと言ったのに、弁護士が後のことは知らないと言うのは無責任である」という苦情が出やすい。

裁判には費用、時間、労力がかかり、さらに、関係者に借金、家庭不和、人間関係の悪化、個人事業への打撃、悩み、不安、不愉快などをもたらし、その人の人生を変えることがある。しかし、弁護士は裁判が終われば、裁判の結果に対し「無関係」になる。この点は裁判官も同じである。

弁護士の仕事は他人の喧嘩の一方に加担して一緒に喧嘩をするようなものなので、ストレスがたまりやすい。弁護士は自分が扱う事件を、「しょせん他人ごとだ」と考えなければ仕事はできない。弁護士が多額の損害賠償請求をされたり、刑事事件を犯したり、大金を失う紛争や離婚事件を依頼者と同じレベルで本気で悩んでいたら、神経が持たない。弁護士は扱う事件に責任を持たず、事件が終われば事件と縁を切るからこそ弁護士の仕事ができるのである。

弁護士の増加と競争は、弁護士の無責任に拍車をかける。弁護士の仕事は収入を得るための手段であり、ビジネスだというのがアメリカ的な弁護士業である。アメリカの弁護士は仕事への熱意と競争心からなりふりかまわず何でもし、弁護士は「信用できない人間」の典型とされている。日本でも昔の弁護士は「三百代言」と呼ばれ、いい加減なことを言う人間だと思われていた。

## 法律家の特異な世界

弁護士はしばしば、「裁判官は世間知らずである」と言う。確かにその通りだが、それに劣らず弁護士も世間知らずである。一流高校、一流大学を卒業し、司法研修所を経て裁判官や弁護士になる者が多く、その後の生活環境も偏っている。法律家の住む世界は特殊だが、ほとんどの法律家はそれを「当たり前」だと感じる。周りに似たような者ばかりいるからだ。多くの法律家は長年の受験教育の中で、「無駄なことをしない」、「自分に得か損かを瞬時に見分ける」能力を自然に身につける。私は、大学や司法研修所でそのような優等生たちを多く見てきた。

大学生の頃、学生の自主的な勉強会で、参加者の学生が作成したレジメを「このレジメは試験の役に立たない」と言って皆の前で破り捨てた学生がいた。その学生はその後、裁判官になった。ある同級生は、試験の前に友人に「講義ノートを貸してほしい」と懇願したが、借りたノートを一目見て「このノートでは試験で優が取れない」と言ってノートを突き返した。彼はキャリア官僚になった。裁判官志望の友人は、「ゼミのレポートが書けない」という遺書を残して自殺した。

司法修習生の時のことだが、深夜、私が参加している研究会で発表するレポートを作成するために、司法研修所の寮の資料室で大量の文献をコピーしていたことがある。すると寮生活をしている修習生の十数人が、「何だ、何だ?」と言ってコピー機の周囲に集まった。彼らは、私が数日後に迫った試験のために資料を集めていると考えたのだろう。当時、司法研修所の寮では、試験に関する情報が一気に寮生の間に広まるのが通例だった。彼らの試験に関する情報収集能力は見事である。しかし、私が「研究会で発表するレポートのための資料だ」と答えると、皆「なーんだ」という顔で安心し、蜘蛛の子を散らすように去っていった。

コピーをしている私の周囲に集まるのもあっという間だったが、彼らが立ち去るのもあっという間だった。その無駄のない素早さに私はある種の文化的なショックを受けた。集まった修習生の一人くらいは、「何についてレポートを書いているのか」と関心を持ってくれてもよさそうなものだが、そのような者はいなかった。ちなみに、この時私が書こうとしていたレポートのテーマは、「水害被害訴訟の判決の変遷」であり、試験とまったく関係のない内容だった(これは、弁護士の通常業務にもまったく役立たない)。私のように、試験の数日前に試験と関係のないレポートを書いている者などいなかった。

小さい頃から学校でのテストを通して「ミスをしない」、「無駄なことをしない」、「決められたことをする」ことに慣れ、それが法律家の狭い「ムラ社会」の中で維持される。結果を見越して無駄な争点を無視する効率的な考え方が自然に身につく。「決められた枠」の中で考えることに疑問を感じる法律家は少ない。しかし、科学や文化の発展は一見無駄に見えることを追求し、失敗の連続の中から生まれることが多い。無駄かどうかはやってみなければわからず、多くの無駄の中から新しいものが生まれる。新しいものを生み出そうという科学的な探求心のない法律家が多い。

法律はそれ自体が自己完結する固有の世界を形成する。そこでは法律用語という特殊な言語と、法律家しか理解できない特殊なルールや理屈が用いられる。法律家以外の者には、法律の世界は言葉、考え方、文化の異なる外国と同じである。さらに弁護士は「弁護士ムラ」に住み、裁判官は「裁判官ムラ」に住み、それぞれ固有の掟と文化がある。「裁判官ムラ」の掟に忠実であることが裁判官の昇進の条件になる。

弁護士は法曹資格のないものを見下す傾向があり、弁護士同士の仲間うちの会話に、しばしば、「司法書士のくせに……」などの言葉が出てくる。裁判所の中には、「裁判官でなければ人にあらず」といった雰囲気があるらしい。これは病院の中で医師の価値観が支配していることに似ている。法曹資格を持っていない者と法律の議論をしても仕方がないという特権意識が、一部の（あるいは、かなりの部分の）法律家にある。法律家の世界とそれ以外の世界の間に壁を作れば、壁の外から何を言われても聞こえない。裁判官の多くは裁判所の内部から（それも組織の上から）言われることをひどく気にするが、裁判所の外からの批判には聞く耳を持たない。

法律家の世界では、特殊なルールや理屈を用いて事実を判断する。たとえば、「供述の変遷があるので信用できない」、「重要な出来事を忘れるはずがない」、「誰でも自分に不利益なことはしないはずである」、「不合理な行動は信用できない」などがその例である。しかし、科学的、経験的にいえば、一貫した供述は真実のこともあれば嘘のこともある。巧妙な詐欺師の供述は常に詳細で一貫性がある。間違った確信には常に一貫性がある。官僚や政治家の「記憶にございません」という不自然な国会答弁には一貫性がある。

嘘をつく者は供述が変遷することがあるが、変遷する供述が嘘だとは限らない。「供述の一貫性」と「真実性」は関係がないのだが、「供述の変遷があるので信用できない」という裁判官の定型的な言い回しを、ありがたい言葉として書面の中で引用する弁護士が少なくない。司法研修所での試験勉強の過程でそのような非科学的な考え方を身につける法律家が多い。意図的な嘘と勘違いを区別するのは、人間行動に関する豊富な経験や深い洞察力、長時間に及ぶ調査などによるが、これらのいずれも現在の裁判手続では期待できない。

「供述の変遷があるので信用できない」、「重要な出来事を忘れるはずがない」、「誰でも自分に不利益なことはしないはずである」、「不合理な行動は信用できない」などが当てはまるかどうかは、人によって、あるいは状況によって異なる。しかし、これらの理屈に何も疑問を感じない法律家が多い。「誰でも自分に不利益なことはしないはずである」という理屈に基づいて、刑事裁判で被疑者の自白調書の内容が真実だとみなされることが多い。

裁判の関係者の勘違いや記憶間違いは多い。覚えていないことを裁判で尋ねられて「たぶん、

○○だった」と述べ、後で訂正をすることがある。記憶があいまいであれば、弁護士や裁判官の前で述べる内容が変わりやすい。最初から最後まで、「覚えていません」と言えば「一貫性」があるが、「覚えていないはずはない」と言われると、正直な人はあいまいな記憶のまま無理に返答し、後で訂正する場面が増える。その人の記憶は「あいまいである」という点で一貫しているが、言葉での説明が「変遷」することがある。裁判では、正直すぎる人はしばしば信用されない。

法律家は「重要な出来事を忘れるはずがない」という理屈を好むが、この点も科学的ではない。裁判で「重要な出来事」とされても、関係者が「重要な出来事」と考えるかどうかは人によって異なる。「重要な出来事」かどうかに関係なく、人は忘れる時は忘れるものだ。たとえば、多額の借金をした時期や多額の金を人に貸した時期を忘れる人や、高額な商品の購入時期を忘れる人がいる。

法律家はものごとをパターンに当てはめて画一的に考える傾向がある。法律はそれ自体が巨大なパターンの集合体であり、法律を勉強する人はもともと型にはまった考え方が好きな人が多い。現実の人間行動に過失と無過失の区別はないが、法律家の頭の中では過失と無過失は明確に区別される。その区別はパターンに当てはまるだけの証拠があるかどうかで判断される。現実の難しい判断でも、パターンに当てはめれば簡単に判断できるという「魔法のルール」を裁判官は持っている。それに基づく事実の認識が現実からかけ離れていても、法律的には「正しい」とみなされる。

誰でも自分の頭と心を通して物を見るのであり（『「見る」とはどういうことか』藤田一郎、化学同人、2007）、法律家は頭の中の法律や規範という色眼鏡で現実を見る傾向がある。多くの法律家の頭の中にあるのは、生身の人間ではなく規範と理屈で考える人間である。これは医師が生身の患者を診ることなく検査数値と医学理論に基づいて患者を治療するようなものである。裁判で問題になる事実はすべて人間の行動に関する事実であり、人間を理解しなければ事実の認識はできない。法律家は理屈でモノを考える習性があり、人間の理解の不十分さを「理屈」で補おうとする。また、「理屈」を通して現実を見る結果、「ありのままの現実」が見えにくい。

私はボランティア活動の関係で、心理学、医学、防災、教育、情報科学、工学などの研究者と交流する機会が多いが、そのような場で「法律家特有の考え方」の問題性を感じることが多い。多くの法律家は法律家の「外の世界」を知らず、そのような経験もない。しかも、「法律家特有の考え方」には、たいてい科学的な裏づけがない。

ノーベル経済学賞を受賞したダニエル・カーネマンは、合理的な意思決定をする人間像を「エコン」と呼び、現実の人間を「ヒューマン」と呼んだ（『ファスト&スロー』ダニエル・カーネマン、早川書房、2014）。「ヒューマン」には、自分にとって都合のよい情報だけを見て事故が起きないと考える傾向（正常性バイアスと呼ばれる）や、自分の思い込みに合致する情報だけを見て間違いに気づかない傾向（確証バイアスと呼ばれる）、何となく他人と同じことをしてしまう傾向（多数派同調バイアス）などがある。法律家は「エコン」を想定するか、あるいは、もともとそのような問題意識のない人が多い。

裁判で現実の人間からかけ離れた理屈で人を裁くことは、多くの被害と不幸を人々にもたらす。法律家がこれらの「理屈」や「法律家特有のルール」を信仰する限り、日本の司法は「絶望的」である。

法律家はものごとを法律の視点でしか考えない傾向があり、その点で視野が狭い。たとえば、離婚をするかどうかは人生の選択の問題であり、社会、経済、哲学、倫理などが関係し、法律の観点だけから考えることはできない。しかし、弁護士は、法律的な離婚手続きや裁判上の離婚事由があるかどうかといった観点から、「離婚した方がよい」とか「離婚すべきでない」などとアドバイスする。法律の議論は重箱の隅をつつくような議論が多く、弁護士は個々の事件の勝敗に一喜一憂する。専門性は人間行動を細分化するので、専門家の多くが視野が狭くなる。

近隣紛争、家族間紛争、イジメ、学校、教育、事故防止、リスクマネジメントなどに関して、弁護士は法律問題を超える事柄について無力であることが多い。弁護士は法律に詳しいだけなので、これは当たり前のことである。しかし、弁護士は、しばしばあらゆる問題に対処できるかのように宣伝し、自ら思い込むことがある。

最近は、事件や事故が起きる度に検証委員会が設置され、弁護士が委員に選任されることが多い。そこでは法的責任の所在だけでなく、事件や事故の原因解明や再発防止対策なども検討する。法律の知識があれば、事件、事故の原因や再発防止について賢明な判断ができるというものではない。私は国や自治体の検証委員会の委員になったことが何度かあり、その点を痛感した。

# 第2章　弁護士とお金の話

## 弁護士業は金がかかる

弁護士は数としては開業弁護士が圧倒的に多く、多くの法律事務所は弁護士が1人から数人と小規模である。法律事務所を維持するには金がかかる。この点を理解しなければ、弁護士の行動を理解することはできない。

開業弁護士は、弁護士が1人の場合でも、通常、月額100万円前後の固定経費がかかる。事務所の家賃、駐車場代、事務員の給料、交通費、電気、ガスなどの光熱費、電話料、インターネット料金、通信費、コピー機やファックスなどのリース料、広告費用、書籍代、弁護士会費、さまざまな団体の会費などの経費がかかる。人権活動や研究活動の多い弁護士は、交通費、宿泊費、書籍購入費、研究費などがかかる。最近は弁護士の営業活動が重視され、広告費や交際費がかかる。

もっともかかる経費は人件費であり、これは一般の企業と同じである。法律事務所の事務員の給料が高額な事務所もあるが、一般的には事務員の給料はそれほどよくない。ある弁護士は、裁判で和解して年末に和解金が入ることになり、「これで何とか年内に事務員の給料を払うことができる」と話していた。弁護士の収入が少ない月に、事務員の給料や事務所家賃を払うために顧客からの預かり金を無断で「しばらく借りる」ことが起こりうる。それは横領である。

弁護士会費は、地域によって差があり、最高額は山口弁護士会岩国支部の年間117万8400円であり（2011年）、年間会費100万円以上の地域が7地域、年間会費80万円以上の地域の数は計27である（『司法改革の失敗と弁護士』河野真樹、共栄書房、2012、170頁）。月額5万円程度の会費の地域が多いようだ。年間100万円を超える会費はウソみたいな話だが、日本の弁護士の業界にはこのような不思議なことが多い。弁護士は会費を払わなければ弁護士会から除名されて弁護士業ができなくなる。

かつての弁護士は「殿様」だったので、高額な弁護士会費を払うことができたが、今や弁護士は数が増えて「平民」になったので、弁護士会費を払うのが大変である。弁護士会費が高いのは弁護士会の活動が多いからだが、弁護士会は際限なく会議やイベントをし、交通費や宿泊費をいくらでも支出する。高額な弁護士会費をもとにどの弁護士会も立派な弁護士会館を持っている。

弁護士は、酒席やゴルフなどの交友関係、コネ、人脈を通して仕事を得るので交際費がかかる。かつてはこの交際費は弁護士の「遊ぶ金」に見られたが、最近の弁護士は営業活動をしなければ食っていけないので、真剣に営業活動に取り組む。弁護士は、商工会やロータリークラブ、さまざまな団体での会食、企業関係者、資産家、議員、地元有力者などが出席するパーティー、経済界や法律関係者の懇親会、ゴルフなどで営業活動をする。弁護士の交際費は今も昔も高額であり、この交際費は依頼者が払う弁護士費用の金額に上乗せされる。

このように弁護士業に経費がかかるので、最近は、弁護士登録した若い弁護士が自宅を事務所にして、事務員を雇用せず、携帯電話1本で仕事をする「ケータイ弁護士」がいる。携帯電話1本で24時間対応をする弁護士もいる。しかし、携帯電話1本で仕事をする弁護士は信用されないので、ほとんどまともな仕事の依頼はないだろう。これは、事務所を持たず、携帯電話1本で仕事をする不動産業者や販売業者（訪問販売者）がうさん臭く見られることに似ている。

## 弁護士費用のわかりにくさ

「弁護士に依頼すると、いくら金がかかるかわからない」と言う人が多い。多くの人が弁護士費用について不安を感じる。弁護士費用の額がわかりにくいのは、すべての事件が一つひとつ違うからである。すべての事件に個性があり、労力が異なるが、交渉や裁判は実際にやってみなければそれに要する時間や労力の量がわからない。弁護士は概算的な見通しに基づいて裁判の着手時に20~50万円くらいの着手金を受け取ることが多いが、概算がはずれることが多い。私は、いつも金のない依頼者に同情して安い費用で裁判を引き受け、予想外に裁判が長期化して後悔することが多い。

弁護士費用は、注文建築の請負代金に似ている。簡単な小屋の建築もあれば豪邸の建築もあり、それぞれ金額が異なる。建売住宅の販売のように定型化できるのは、消費者破産や債務整理などに限られる。注文建築では見積もりによって請負金額を決め、途中で追加工事が必要になれば代金を追加請求するが、弁護士の場合には裁判の途中で費用の追加を依頼者に申し出ても、依頼者は委任契約書記載の金額以外に支払わないことが多く、トラブルになりやすい。

弁護士費用のタイムチャージ制（所用時間で弁護士費用を決める方法）は労力に応じた弁護士費用になり、アメリカではタイムチャージ制が普及している。そのため、アメリカでは事件処理にやたらと無駄な時間をかける弁護士がいる。タイムチャージ制では高額な弁護士費用になることが多く、日本では普及していない。

さらに、事件の着手金とは別に事件終了時の弁護士の報酬がわかりにくい。弁護士費用には、弁護士への依頼時に支払う着手金と事件解決後に支払う報酬がある。報酬は事件の処理が終わった時に依頼者が弁護士に支払う金であり、依頼者の経済的利益の10パーセントが相場だが、20~30パーセントの報酬をとる弁護士もいる。

報酬基準となる「経済的利益」がわかりにくい。たとえば、裁判をして1000万円の損害賠償金が入れば経済的利益は1000万円であり、その10パーセントは100万円である。裁判をして土地の所有権の範囲を確認した場合には、土地の時価が経済的利益である。離婚の裁判をして離婚が成立した場合は、経済的利益は算定不能であり、弁護士と依頼者の間の契約に基づいて報酬額が決まる。通常、離婚事件の報酬額は、20〜50万円くらいである。ただし、離婚と同時に慰謝料や財産分与請求、養育費の請求などが認められた場合には、それらに基づいて経済的利益が計算される。たとえば、慰謝料として300万円が入れば経済的利益は300万円である。

依頼者の立場では、報酬をなくして着手金だけであれば安くすむが、それだと弁護士は採算がとれない。着手金と報酬の金額は弁護士によってかなり異なる。かつては、弁護士費用に関して日弁連（日本弁護士連合会）の報酬規定があったが、2004年に規制緩和によりそれが撤廃されて自由化され、現在は弁護士と依頼者の契約によって自由に決めることができる。そのため、高額な報酬を取る弁護士が増え、トラブルが増えている。

以前、裁判官と雑談した時に、裁判官が「過払金の40パーセントを報酬として取った弁護士がいるが、これは報酬の取りすぎではないか」と言ったことがある。私は、「え、本当ですか？」と絶句した。私は当時、過払金について裁判をしてもしなくても、消費税込みで10パーセントしか報酬をもらっていなかった（報酬額を消費税分だけ減額していた）。それは他の事件と過払金請求事件を同じように扱っていただけである（私は、すべての事件について消費税分を値引きしていた）。アメリカの弁護士は、勝てそうな事件は着手金をゼロにし、その代わりに30〜40パーセントの報酬をとると言われている。報酬40パーセントはアメリカの弁護士並みである。

過払金請求事件で多額の報酬をとる弁護士が続出したことから、２０１１年に日弁連は、過払金請求に関する弁護士の報酬の上限を25パーセントとする規定を設けた。これに違反すれば、弁護士会から処分を受ける。しかし、25パーセントという報酬額は庶民の感覚からすれば非常に高い。最近では、過払金の20パーセントを報酬として取る弁護士が多い。通常の事件では弁護士の報酬は経済的利益の10パーセントが相場だが、なぜ過払金請求事件だけ報酬の相場が20パーセントなのか。それはおそらく、弁護士が報酬を取りやすいからだろう。過払金請求事件が多かった頃は「過払金バブル」と呼ばれ、それで大儲けした弁護士がいる。

弁護士の報酬をめぐって、「弁護士の報酬が高すぎる」、「報酬の計算方法が不明確である」などのトラブルが多い。そのため、日弁連は弁護士が受任する場合には委任契約書を交わすことを義務づけたが、委任契約書に記載すれば高額な弁護士報酬を取ることができる。依頼者から見れば、委任契約があろうとなかろうと、高すぎる報酬額に不満を持つ。弁護士に依頼する時に、委任契約書の内容をよく読んでその弁護士に依頼するかどうかを決める人は多くない。多くの人は、「経済的利益の〇〇パーセントが弁護士報酬」という委任契約書の条項を読んでも理解できない。「経済的利益」の意味がわからないからだ。弁護士から説明を聞いても理解できない人が多い。そのため、現実に報酬を払う場面でトラブルになることが多い。

## 「先生、お金がないのですが……」

「先生、お金がないのですが、どうすればよいでしょうか」

この言葉を、私は弁護士になって以降、相談者から何百回も聞いた。弁護士に裁判などを依頼するには、通常、20万円から50万円くらいを現金で弁護士に支払う必要がある。また、事故の損害賠償請求などで５０００万円の請求をするには、裁判の申立書（訴状）に17万円分の印紙を貼らなければならない。これも依頼者の負担になる。

これらの費用は、現金で前払いをしなければならない。なぜ前払いかといえば、後払いにすれば、裁判で負けた人はその支払いをしないからである。費用の支払いを分割払いにすれば、支払いが遅れたり、支払いをしなくなる人が多い。弁護士費用に関しては、一般的なクレジットの適用がない（その理由は日弁連が反対しているからである）。現在は法テラス（司法支援センター）の弁護士費用の立替払制度があるが、これは世帯の収入が少ない依頼者が対象であり、訴状に貼る印紙代などの裁判の経費は立替の対象にならない。かりにこの司法支援制度の対象になっても、法テラスに弁護士費用を返還しなければならないので、収入の少ない人にとって負担は大きい。法テラスへの返還金の支払いが途中でできなくなる人が少なくなく、法テラスは返還義務者に対する返還金の取り立てに追われている。

私が弁護士になった時、最初に驚いたことは、弁護士費用を払えない人が多いという現実だった。弁護士になる前、私はまったくの世間知らずだったので、弁護士になれば弁護士への依頼があり、弁護士費用は誰でも払えるものだと思っていた。しかし、現実は違った。

弁護士になる前、私は、世の中に多くの紛争があり、弁護士は紛争で困っている人を手助けする仕事であり、弁護士になれば依頼が殺到する……そんなイメージを持っていた。２００１年の司法制度改革審議会の意見書も、弁護士の数が増えれば、「誰でも弁護士を利用しやすくなる」と素朴に考えている。しかし、現実はそうではない。弁護士が増えても金のない人は、簡単には弁護士に依頼することはない。これは経験すればすぐにわかることだが、経験することなく理屈で考えたのではわからない。

私はその頃、弁護士費用を用意できない人が多いことに悩み、何人かの先輩弁護士に相談をした。「それは仕方がない。割り切ることが必要だ」と言う弁護士が多かった。「割り切る」とは、弁護士費用を払える人だけを相手にするということである。中には、「先生は大変ですね」と笑いながら同情する弁護士もいた。その弁護士の顔には、「金のない者を相手にするからそうなるのだ。自分は弁護士費用を払える顧客層を持っている」という優越感が表れていた。

「金がないために弁護士に依頼できない」というのは、物理的な意味で「金がない」というよりも心理的な意味が強い。今の日本では、ほとんどの人が子供の教育費、老後の生活、病気や事故などの将来の出費の不安を持っており、貯蓄をする人が多い。将来の生活不安のない北欧では貯蓄をしない国民が多いが、日本はそうではない。日本では貯蓄をするために無駄な出費を抑えたいという気持ちが強く、弁護士費用の支出はもっとも無駄な支出である。裁判に必ず勝って大金を得られるという場合の弁護士費用は「無駄」ではないが、勝つかどうかわからない裁判や裁判に勝っても金が入らない場合の弁護士費用は「無駄」だと感じやすい。土地紛争や相続紛争などは、裁判に弁護士費用や裁判費用がかかるので、「このままにしておこう」という気持ちになりやすい。多くの市民が10年も20年も紛争を放置し、ようやく決心して弁護士に相談した時には、すでに消滅時効が完成しているという場合が多い。

マスメディアの報道によれば、貯蓄ゼロの世帯が約3割ある。世帯単位の平均貯蓄額は約1000万円である。しかし、これは何億円も貯蓄のある人が平均貯蓄額を引き上げるのであり、現実には数百万円程度の貯蓄額の世帯が多いだろう。母子世帯の平均貯蓄額は約300万円である。300万円の預金のある母子世帯では、弁護士費用30万円を出す気にならないだろう（預金があるので法テラスの司法支援制度の適用はない）。高齢者の中には数百万円の貯蓄があっても、将来の生活への不安から万引をする人が増えている。多少の貯蓄があれば30～50万円程度の弁護士費用を支払うことは物理的に可能だが、「節約しなければならない」という気持ちが働きやすい。しかし、そのような高齢者は儲かる話に弱く、簡単に詐欺的な商法に引っかかって数百万円の預金を失う人がいる。5000円の弁護士相談料を「高い」と感じる人でも、パチンコで使う5000円は「高い」とは感じないようだ。高いかどうかは人間の心理的な基準に左右される。

2006年に法テラスができ、収入の少ない人が無料相談できるようになったことは画期的なことだった。しかし、当時、その点を「画期的」だと考えた弁護士は多くない。なぜなら、弁護士の一般的な顧客層は、司法支援制度の対象となる人たちではなかったからである。

現在、法テラスの無料相談の対象になる人は、弁護士への法律相談をしやすくなっている。しかし、法テラスの所得基準を超える人は、無料相談の対象にならない。法テラスの所得基準を少し超える程度の所得層（中間層と言ってよい）が、もっとも弁護士を利用しにくい。裕福な人は、「相談料はたった5000円でいいんですか」と言うことが多い。中には、相談料を5000円請求したのに1万円を置いていく人もいる。

法テラスの所得基準を満たす人でも、弁護士に依頼すれば金がかかる点は同じである。法テラスは弁護士費用を立て替えるだけなので、法テラスが立て替えた弁護士費用を法テラスに分割で返還しなければならない。法テラスの弁護士費用立替は借金である。そのため、法テラスの基準を満たす人は弁護士への相談は気軽にできるが（無料なので）、弁護士への依頼は簡単にはしない傾向がある（立替金の返還が必要になるので）。最近、弁護士の数が増えても、弁護士への依頼が増えていないのは（日本全体の裁判件数が減っている）、弁護士への依頼に金がかかることが最大の理由である。

私は、時々、法テラスの所得基準を超える人（法テラスの分割払制度の対象外の人）について、個人的に弁護士費用を分割払いにして事件を引き受けることがあるが、途中で払わなくなったり、数年かかった裁判が終わってもまだ払い終わらない人が多い。ウソみたいな話だが、弁護士費用を分割で毎月３０００円ずつ10年以上かけて律儀に支払う依頼者がいる。

借金に関する紛争では、もともと相談者に金がないので弁護士費用を払えない人が多い。多くの場合、そのような人は法テラスの弁護士費用分割払制度の対象になる人だが、そうではない人も多い。

さらに親から相続した土地などの財産がある場合や自営業者の破産申立の場合には、裁判所に納める金が必要になることが多い。これは破産予納金と呼ばれ、30～50万円くらいかかる。これは裁判所が財産の処理や事業関係の調査などをするために破産管財人を選任し、その費用がかかるためである。この破産予納金は現金の一括払でなければならず、これが納付できない場合には裁判所は破産申立を却下する。破産予納金を用意できないために、何年も破産申立のできない人や自殺する人がいる。このように弁護士や裁判所の利用に金がかかることが、日本の司法の利用を妨げている。

## 弁護士には常に金のトラブルがつきまとう

弁護士が顧客から預った金を横領する事件が増えている。かつては、弁護士が「遊ぶ」ための金欲しさから顧客からの預かり金を横領することが稀にあったが、最近は、弁護士が事務所経費を払うために預かり金を横領することが増えた。弁護士の文書偽造事件や詐欺事件も時々起きる。弁護士の報酬が高すぎるという苦情は頻繁に弁護士会になされている。これらの弁護士と依頼者の間の事件や金銭トラブルで、弁護士会から懲戒処分を受ける弁護士が増えている。

しかし、問題は、懲戒請求のなされない弁護士のトラブルが多いという点である。弁護士と依頼者の間の金銭トラブルは日常的に発生している。

弁護士は依頼者から着手金をもらって事件を受任するが、着手金の金額は自由化されており、弁護士によってさまざまである。弁護士は、「報酬を見込める事件」の着手金の金額を安くし、「報酬を見込めない事件」の着手金の金額を高くする傾向がある。

過払金請求事件のように「報酬を見込める事件」では、弁護士が着手金0円で受任することが多い。しかし、金融業者から取り寄せた取引履歴に基づいて計算し直してみると債務が残ることが判明するケースがある。その場合には債務の分割返済の交渉が必要になるが、弁護士がタダで債務の分割返済の交渉をするわけではない。過払金が生じないことが判明した時点で辞任する弁護士がおり、依頼者と弁護士の間でトラブルになりやすい。

最近は多額の金が入る事件では着手金を安くして（あるいは着手金0円で）、報酬をたくさんとる傾向がある。単純な貸金返還請求の事件について経費程度の着手金で裁判を引き受けたところ、相手方が別の土地取引で生じた債権との相殺の主張をし、裁判に何年もかかることがある。そこで弁護士が着手金の追加支払いを申し出ても、委任契約書に記載がないという理由から追加費用を払わない依頼者が多い。原告が得られる金銭がゼロの可能性があるが、その弁護士は辞任するのだろうか。

着手金の金額が高い場合に裁判で負けると、依頼者から「払った金を返せ」という苦情が出ることがある。弁護士に依頼する人は裁判に勝てると考えて高額な費用を出すのだが、弁護士の立場では、負ける可能性のある事件では報酬がとれない可能性があるので、できるだけたくさん着手金をもらっておく必要がある。経済的に逼迫した弁護士は、勝てる可能性の低い事件で高額な着手金をとり、トラブルになりやすい。遺産分割事件で高額な着手金を受け取った弁護士が、依頼者から包丁で刺された事件がある。

交通事故などの損害賠償請求事件では、弁護士がしばしば高額な報酬を取り、依頼者との間でトラブルが生じる。弁護士が、５０００万円の自賠責保険の請求に関して５００万円の報酬を受け取り、報酬額が高すぎるという理由で弁護士会から懲戒処分を受けたケースがある。

ある相談者から、労災保険金請求を弁護士に依頼したところ、弁護士が労災保険金の10パーセントを報酬として取ったことについて不満を聞いたことがある。請求さえすれば簡単に労災保険金が支給されるケースで10パーセントの弁護士報酬は高過ぎる。私がそれを聞いたのは、相談者が弁護士に報酬を支払ってから20年後のことである。その相談者は20年間ずっと弁護士に対する不満を持っていたのだろう。

ある相談者から、弁護士から1000万円の報酬請求を受けて困っているという相談を受けたことがある。その相談者は、7000万円の損害賠償請求訴訟の被告（裁判を受ける人）になり、弁護士に依頼して裁判をし、請求棄却の判決が出た。その後、弁護士から報酬として1000万円を請求されたのである。判決は、「7000万円を支払わなくてもよい」という内容であり、7000万円を受け取るわけではない。しかし、この場合の経済的利益は7000万円である。弁護士との間の委任契約書が非常にわかりにくかったが、熟読すれば1000万円という報酬額を計算可能だった。したがって、1000万円の報酬請求は違法とは言えない。その相談者は、「1000万円も金があれば、弁護士に依頼せずに1000万円を相手に払って示談しますよ」と言った。同感である。

弁護士は、事件終了時の報酬を確保するために、通常、相手方から支払われる損害賠償金や和解金の支払先口座を弁護士の口座に指定する。相手方から支払われる損害賠償金や和解金の支払先口座を依頼者の口座にしたのでは、依頼者が弁護士に報酬を支払わない恐れがあるからである。相手方から損害賠償金や和解金が弁護士の口座に入金され、弁護士は委任契約書に基づいて計算した報酬を取り、残金を依頼者に送金するのが一般的な方法である。この方法であれば、弁護士は損害賠償金や和解金から事実上強制的に報酬を取ることができる。

弁護士が裁判の途中で辞任する場合には、最初に受け取った着手金の精算に関して紛争が生じやすい。依頼者の立場では、別の弁護士に依頼すれば、再度、着手金が必要になるので、できるだけ弁護士費用を返還してもらいたいと考える。法テラスを利用した場合の弁護士費用の額はもともと低額なので、弁護士が途中で辞任すると（これがけっこう多い）、依頼者、弁護士、法テラスの間で精算額をめぐるトラブルが生じやすい。

## なぜ弁護士費用が高いのか

弁護士に依頼する人の多くが、「弁護士費用が高い」と感じているが、弁護士の多くはそのように思っていない。ある時、「法律事務所って、事務所に一歩入ったら100円玉がどんどん落ちていくんですよね」と言う人（弁護士ではない）がいた。一瞬、私は何のことかわからずポカンとしたが、その人が相談料のことを言っているのだということがわかった。通常、弁護士の相談料は30分で5000円である、消費税を入れれば、5500円になる。これは1分間でおよそ180円の料金の計算になる。「100円玉がどんどん落ちていく」という言い方は、あながち間違いではない。私はこの言い方に、「なるほど、そういうことになるのか」と妙に感心した。もしかしたら、「名言」かもしれない。私はその人に、「そんなこともないですけど、まあ、それに近いかもしれませんね」と返答しておいた。

ほとんどの弁護士は、30分で5000円の相談料を当たり前だと考えている。30万円の着手金もそれほど高いとは思わない弁護士が多い。以前、私は、ある弁護士が裁判所の中で、「相談料はたったの5000円ですよ。安いでしょ」と言っているのを聞いたことがある。そばにいた相談者らしき人が、「たったそれだけですか。私は何万円もかかるのかと思っていました」と言っていた。その相談者は、たぶん世情に疎い資産家なのだろう。

弁護士会が運営する法律相談センターも、だいたいそのくらいの相談料をとっている。しかし、30分で5000円の相談料を高いと感じるのが庶民の感覚である。時給900円で8時間働いても1日に7200円にしかならない。そこには、庶民の感覚と弁護士の感覚の大きなギャップがある。こういう話をすると、弁護士の多くは、「僕はそんな人を相手に仕事をしたくないね」と言うのが目に見えている。

法テラスができる前のことだが、ある時、大学生が相談に来て、1時間相談をした後に「今、2000円しか金をもっていない」と言う。「それなら、相談料は2000円でいいですよ」と言うと、「帰りにバイクの燃料を入れないといけない」と言う。仕方なく、相談料として1000円をもらった。その話を別の弁護士にすると、「そんな人もいるんですね」と大笑いをした。たぶん、その弁護士はこの話を酒の席で面白い逸話として他の弁護士に話すかもしれない。

「金のない者が家を持てないのは当たり前だ」と言うのと同じ感覚で、「金のない者が弁護士に依頼できないのは仕方ない」と言う弁護士が多い。金のない者の事件を、「自分は引き受けることはできないが、他の弁護士の誰かが引き受けてくれるのではないか」と平気で言う弁護士がいる。

前記のとおり、開業弁護士が事務所を維持するには、さまざまな経費がかかる。開業弁護士が事務所を維持するためには、ある程度の収入を得られる事件が必要である。20万円の弁護士費用で裁判をし、裁判に50時間の労力がかかった場合、1時間当たりの弁護士費用は4000円である。しかし、1時間に約5000円の事務所経費がかかるので、このケースでは1時間当たり1000円の赤字になる。弁護士が1時間当たり3000円の収入を得るためには、50時間かかる裁判の弁護士費用は40万円になる（この計算で弁護士の年収は約630万円である。1日8時間労働、月に22日稼働の前提）。一般の市民が遭遇する紛争で、弁護士が経済的採算のとれる収入を得ようとすると、着手金30～50万円になる。

開業弁護士は、常に、「今月、来月、事件の依頼があるかどうかわからない」という不安を持っている。私は、弁護士になって間がない頃、先輩の弁護士から「弁護士は報酬をもらえない事件も多いので、報酬を取れる時にたくさん取っておくことが必要である」というアドバイスを受けたことがある。

弁護士費用の金額の決定は、自由競争に委ねられている。弁護士の数が増えて弁護士間の競争が激しくなれば弁護士費用の額が低下するのではないかと考える人がいるが、そうではない。一つひとつの事件に個性があり、一般の市民に関する限り、一生の間に一度弁護士に依頼するかしないかという状況では競争原理が働かない。他方で、弁護士の数が増え、弁護士の経営基盤が不安定になれば、「金を取れるところから取る」傾向が増し、弁護士報酬が高額化しやすい。

弁護士の数が多く競争が激しいアメリカでは、弁護士の報酬額は経済的利益の30～40パーセントであり、日本以上に高額である。アメリカでは顧客を勧誘するために着手金を無料にする弁護士が多く、そのような弁護士は報酬を見込めない事件を引き受けない。他方、弁護士費用をまかなう公的な制度が充実してる北欧などでは、国民が弁護士を利用しやすく、法律事務所の経営も安定しやすい。国民の経済的負担も軽い。

現在は、収入の少ない人は弁護士の利用に法テラスの司法支援制度を利用できる。しかし、月収約15万円の派遣社員や月収約10万円のパート社員が、離婚の裁判で法テラスが立て替える20数万円の弁護士費用を法テラスに返還するのはかなりの負担になる。法テラスの所得基準を少しでも超える人や零細企業は法テラスを利用できない。

日本では、弁護士に依頼すると金がかかるので、金のない市民はできるだけ弁護士に依頼しないようにして対処しようとする。紛争が生じれば、役所、警察、民生委員、議員などに相談し（これらは無料である）、自分で紛争を解決しようとする。もし、これらの相談先で「弁護士に依頼して裁判をするしかない」と言われれば、絶望的な気持ちになる人がいる。司法改革は、誰でも気軽に弁護士に依頼することをめざしたが、裕福ではない庶民が弁護士に金を払うことは決して「気軽なこと」ではない。

弁護士に相談をすれば、弁護士はすぐに、「裁判をした方がよい」と言う傾向がある。裁判をすれば弁護士の収入が増える。依頼者は、裁判をすれば、弁護士費用以外に裁判所に納める印紙代や土地の測量費用、登記費用、鑑定費用などがかかる。裁判のために時間をとられ、そのために多くの有給休暇を使わなければならない。弁護士の着手金30万円も払うのは金をドブに捨てるようなものだと感じ、大損をした気分になる。紛争のあることを見て見ぬふりをし、紛争を放置すれば、30万円を儲けたような気分になる。

裁判所は経済的採算を一切考慮しないため、数万円の争いでも裁判に何十時間も時間がかかることが多い。裁判に関して市民や弁護士の時間的負担が増えても、裁判所は一向に困らない。裁判所は、10分ですむ用件でも平気で弁護士や当事者に何時間もかけて裁判所へ出頭させる（しかし、裁判所が使う時間は10分でも節約したがる）。日本の裁判の効率の悪さは弁護士の労働時間の長さにつながり、それに応じて依頼者が払う弁護士費用が高くなる。

## 本人訴訟が多い理由

弁護士をつけずに裁判をすることを本人訴訟と言い、日本では本人訴訟が多い。地方裁判所の裁判では、原告、被告双方に弁護士がついている事件は約3割であり、7割は原告、被告のどちらか、あるいは両方に弁護士がついていない。簡易裁判所の裁判では双方に弁護士や司法書士（簡裁代理権を持つ司法書士）が代理人としてつく事件はわずか数パーセントである。『本人訴訟に関する実証的研究』（司法研修所編、法曹会、２０１３）では、２００５年から２０１１年までの間に、弁護士が大幅に増加したにもかかわらず、実質的紛争のある本人訴訟の件数にほとんど変化がなかったことが指摘されている。弁護士の数が増えているのに、なぜ、弁護士に依頼しないのだろうか。

それは弁護士に依頼すれば金がかかるからである。司法改革は、「弁護士が増えれば、誰もが弁護士を利用できるようになるだろう」と考えた。これは住宅をたくさん建築すれば誰もが家を持てるようになるという考え方と同じく、科学を無視した幼稚な考え方である。家を買えるだけの金やそれに代わる低利の住宅ローン制度がなければ、住宅購入者は増えない。それと同じく、弁護士費用の負担を軽減する制度がなければ、弁護士が増えても弁護士への依頼は増えない。

ドイツなどでは、裁判に必ず弁護士をつける制度になっているが、日本はそのような制度になっていない。北欧などでは弁護士費用を公的機関が負担し、あるいは立て替える制度が充実しているが、日本では弁護士費用の立て替え制度は一部の人しか対象にならない。そのため、日本では、弁護士の数が増えても、弁護士がつかない裁判が多い。

日本でも刑事裁判は強制的に弁護士（国選弁護人）をつけるので、本人訴訟はない。刑事裁判だけ弁護士強制主義を採用するのは、弁護士のつかない刑事裁判では、被告人が刑事裁判の手続きを理解できないためにまともな審理ができず、被告人の人権を保障できないからである。民事裁判でも本人訴訟では当事者が裁判の手続きを理解できない点は同じだが、民事裁判では、弁護士がつかないために不利益を受けても自己責任だとされる。刑事裁判は人権保障が重視されるが、民事裁判はそれが軽視されている。自由競争の社会では、金がなければ不利益を受ける場面が多いが、司法も同じである。

少額事件のほとんどに弁護士がついていない。弁護士の立場では、20万円を請求する裁判で5万円の弁護士費用をもらっても、それで1年くらいかかる裁判をすることは経済的に割に合わない。5万円の弁護士費用で1年間かかる裁判を引き受ける弁護士は、「ボランティア的な仕事」になる。弁護士に依頼する人の立場では、20万円を請求するのに、5万円の弁護士費用を払うことは割に合わない。裁判をして確実に20万円を回収できればよいが、たとえ裁判に勝っても金を回収できないことが少なくない。紛争の相手が払わない場合には判決に基づいて強制執行するしかないが、強制執行に費用がかかる。強制執行が可能なのは相手に財産がある場合であり、相手が所在不明、勤務先不明、自営業の場合、年金生活者などの場合には、強制執行をしても金を取れないことが多い。このような理由から、少額紛争があっても「泣き寝入りをする」人が多い。

法テラスの司法支援制度は弁護士費用を立て替えてくれるが、あくまで立て替えであり、弁護士に依頼する人に弁護士費用の負担が生じる点は変わらない。私は、ある生活保護受給者の知人がテレビを修理しようとしてテレビを落として壊したケースで、その知人に対するテレビの修理代2万円の損害賠償請求の交渉について、代理人として法テラスに司法支援の申し込みをしたことがある。このケースでは、私は、請求額2万円の事件で法テラスがどのように対応するかを試してみたのである。予想通り、法テラスからは、「経済的に採算がとれないので、申し込みを取り下げてほしい」と言われた。生活保護受給者は法テラスへの償還を免除されるので、2万円の紛争でも法テラスが弁護士費用を立て替えれば、依頼者は償還免除を受けて自己負担なしに弁護士に依頼することができる。私は司法支援の申し込みの取り下げを拒否し、法テラスに「司法支援の申し込みの却下をするのですか」と言ったところ、法テラスはしぶしぶ司法支援決定をし、2万円の弁護士費用を立て替えた。

請求額2万円の事件で法テラスが2万円の弁護士費用を立て替えることは、「経済的採算がとれない」とされる。法テラスが費用対効果を考えるのは、それが市場経済を支える原理だからであり、法テラスの考え方は市場経済に毒されている。

しかし、世の中に費用対効果を考えることができない場面は多い。福祉や教育などがその例である。障害者に障害年金を支給しても、それが経済的効果をもたらすわけではない。刑事裁判の国選弁護人の制度も経済的効果と無関係である。世の中には費用対効果を度外視すべき場面が多いが、法テラスは費用対効果を重視する。それは「政治」の結果である。

訴訟（裁判）だけでなく、調停でも弁護士がつかないケースが多い。調停は裁判所の中で行われる話し合いである。私は20年以上、裁判所の調停委員をしていたが、弁護士に依頼せず、裁判所の中で「私はいったいどうしたらいいんでしょうか」という頼りない対応をする当事者が多い。調停委員は一方の当事者にだけアドバイスできないので（それは不公平である）、気の毒になる。調停は裁判よりも手続きが簡単なので、弁護士をつけずに自分で行うことが可能だが、内容については弁護士がつかないと不利になる。しかし、調停事件（家事調停、民事調停）の大半に弁護士がついていないのが現実である。

本人訴訟は、自分で建物を建てることに似ている。簡単な建物は自分で建てられないことはないが、出来映えは保証できない。外観の見栄えだけでなく、倒壊や雨漏りがあるかもしれない。自分で家を建てることは、時間がかかり、苦労が多く、完成してもどこかに問題があることが多い。それと同じく、弁護士に依頼せずに本人訴訟をすることは、不利になりやすい。

## 弁護士が引き受けたがらない事件

かつて、マスコミは、「事件を引き受ける弁護士がいない＝弁護士が足りない」という報道を盛んにしたが、弁護士の数が増えた現在でも、「引き受けてくれる弁護士がいない」という不満が市民から出ることが多い。

弁護士が引き受けない事件の典型は少額事件である。庶民の紛争の多くが少額紛争なので、「弁護士に相談をしたが事件を引き受けてもらえなかった」という経験を持つ市民は多い。

相続人が50人いても遺産総額が1億円であれば、その遺産分割の事件を弁護士は引き受けるが、農地、山林などの財産の総額が200万円、相続人が50人いる遺産分割事件を低額の弁護士費用で引き受ける弁護士を見つけることは難しい。

アメリカでは、少額事件の裁判では弁護士の代理が認められず、裁判所が無料で助言者をつける扱いがなされる（『アメリカの危ないロイヤーたち』リチャード・ズィトリン他、現代人文社、2012、143頁）。他方、ドイツでは、裁判に必ず弁護士をつけなければならないので（弁護士強制主義）、少額事件でも弁護士が引き受けることが当たり前である。そのために、それを可能にする制度になっている。日本では少額事件のほとんどが弁護士がつかない本人訴訟である。また、調停事件の大半で弁護士が代理人につかない。

弁護士は勝訴の見込みの低い事件は引き受けないことが多いが、弁護士費用の額が高額であれば、引き受ける弁護士がいる。たとえば、不倫をした夫からの離婚請求の裁判は、引き受けたがらない弁護士が多いが、着手金が高額であれば引き受ける弁護士が多い。

経済的に逼迫した弁護士は、勝訴の見込みがほとんどない事件でも着手金を得る目的で引き受ける場合がある。私が調停委員として担当し調停不成立になった事件が、その後、裁判になった。それは川の水の水利権に関する裁判であり、日本では水利権が権利として確立されていないので、裁判をしても勝てる見込みがなかった。私は、「よくあんな事件を引き受ける弁護士がいたものだ」と驚いたが、それを受任した弁護士は、過去に弁護士会から何度も懲戒処分を受けている弁護士だった。「さぞ多額の着手金をもらったのだろう」と私は思った。その弁護士はその後、別の事件で、詐欺、恐喝で有罪判決を受け、弁護士会から除名された。

「裁判に勝てる見込みのない事件」を、弁護士が裁判に勝てる可能性があると言って受任すれば詐欺である。しかし、弁護士が、裁判に勝てる可能性をあいまいにしたまま引き受ければ、詐欺になりにくい。本来、弁護士は裁判に勝てる可能性について依頼者にはっきりと説明をすべきだが、その説明をあいまいにして受任する弁護士がいる。「裁判に負ける」とはっきり言う弁護士に依頼する人はいないからだ。

他方、弁護士費用を払うことが難しい場合や少額事件の場合には、弁護士が相談者に「勝てる見込みがないので引き受けられない」とはっきり言うことが多い。

財産や収入がない者を相手にする損害賠償の裁判や貸金返還請求の裁判は、裁判に勝っても損害賠償金や貸金を回収しにくいので、弁護士が引き受けたがらない。裁判に勝っても弁護士が報酬をもらいにくいからだ。判決で金銭の支払いを命じられれば当然それが実現されると考える人が多いが、そうではない。相手方が支払いを実行しない場合には、相手方の財産や給料などを差し押さえるほかないが、財産や給料のない人は差し押さえができず、事実上、金銭を回収できないことが多い。不動産を差し押さえるためには、何十万円も裁判所に金を払わなければならない。相手方が会社員の場合でも、相手方が会社を辞めてしまえば給料の差し押さえができなくなる。

したがって、裁判の相手方に財産がなければ、裁判をしても損害賠償金や貸金を回収しにくいので、弁護士が引き受けたがらない。しかし、その場合でも、着手金が高額であれば、引き受ける弁護士がいる。ただし、裁判で勝っても相手から1円も回収できなければ、依頼者は、「弁護士に高額な弁護士費用を払って裁判をしたのに、相手から1円も回収できなければ裁判をした意味がない」と腹を立て、弁護士との間でトラブルになりやすい。

行政、労働、日照権、公害などに関する裁判は非常に労力がかかるが、勝訴率が低いので、弁護士が引き受けたがらない。ただし、この種の事件が社会的に注目される場合には、弁護士が採算を度外視してボランティア的に裁判を引き受けることがある。弁護士は基本的に目立ちたがり屋が多い。

中には確実に勝てそうな事件しか引き受けない弁護士がいる。かつて、司法研修所の教官を務めたある弁護士は、「原告になった事件で負けるのは恥だ」と言っていた。そのような弁護士は勝てるかどうかわからない事件を断ることが多いだろう。確実に勝てる事件で勝訴判決を得るのは誰でもできることであり、弁護士の能力は必要ではない。逆に、難しい事件を扱う弁護士は能力が必要だが、裁判では滅多に勝てず、収入も少ない。

さらに、DV事件やストーカー事件の加害者の代理人、ヤクザやヤミ金が相手の事件、社会的非難の強い事件の加害者の代理人なども、弁護士が引き受けたがらない事件である。強姦（強制性交）事件や強制わいせつ事件の加害者の弁護を引き受けたがらない弁護士が多い。重大な凶悪事件では、弁護士が引き受けないために国選弁護人の選任が難航することがある。

私は弁護士になって間がない頃、ヤクザとつながりのある悪徳商法を行う会社を相手に何件も損害賠償請求の裁判をしたことがあるが、不思議なことに、面識のない弁護士から次々にその会社を相手にする相談者が私に紹介されてきた。当時の私は弁護士経験が浅かったので、素朴に「なぜだろう」と思ったが、その後、「弁護士は自分が引き受けたくない事件を他の弁護士に回す」習性があることを知った。私はその関係の裁判を7、8件やったが、相手方の会社の幹部から、「先生よオ、そんなことばかりしていたら、ヤクザに頼むことになるぞ。家族はいるのか。家は探せばすぐにわかるぞ。夜道に気をつけろよ」などと再三脅された。相手の会社に乗り込んで証拠保全をしたことがあるが、その直後にその会社の玄関にトラックが突っ込む事件があった（その会社がヤクザへの上納金を怠ったので、ヤクザから報復を受けたという噂がある）。当時の私は若く、恐いもの知らずだった。

ストーカー規制法やＤＶ保護法が制定される前は、ストーカー事件やＤＶ事件の被害者からの依頼を断る弁護士が多かった。何人もの弁護士が受任を拒否したＤＶ事件を私が受任し、苦労したことがある。しかし、ストーカー規制法（２０００年施行）やＤＶ保護法（２００１年施行）が制定された後は、比較的弁護士がこれらの事件を受任するようになった。それでも、それらの法律が適用されないストーカー事件は弁護士が引き受けたがらない。ストーカー事件の加害者からの依頼も、弁護士が引き受けたがらない。

弁護士が引き受けたくない場合には、弁護士は「勝てる見込みがない」、「今、忙しいので受任できない」、「私はこの種の裁判の経験がないのでできません」、「利益相反する」などと言って受任を断る。以前、「私に頼むと高くつきますよ」と言って受任を断り、私を紹介した年配の弁護士がおり、私は非常に不愉快だった。時々、「私は引き受けることができませんが、○○弁護士であれば引き受けてくれるかもしれません」と言って、勝訴の見込みのない事件を他の弁護士に回す弁護士がいる。世の中には自分の利益や都合しか考えない人が多いが、弁護士も同じである。

## 弁護士が引き受けたがる事件

弁護士が引き受けたがる事件の典型は、高額な弁護士費用や報酬を見込める事件である。企業、自治体、団体などの事件、資産家の事件、交通事故、遺言、相続、財産分与請求、損害賠償請求、過払金請求、貸金返還請求などがこれにあたる。

アメリカでは航空機事故などが起きると、1週間以内に多くの弁護士から遺族宛てに委任の勧誘の文書が届くようだ（『アメリカの危ないロイヤーたち』前出、140頁）。また、交通事故の現場に弁護士が駆けつけて、弁護士へ依頼の勧誘をする。アメリカでは医療事故の損害賠償請求の裁判が1年間に何万件もあり、これは弁護士に多額の報酬が入るので弁護士に人気がある。しかし、日本では医療事故の損害賠償請求訴訟は1年間に約800件しかなく、非常に労力がかかるが勝訴率が低いので、敬遠する弁護士が多い。

学校で起きる子供の事故は勝訴の可能性が高いので弁護士が引き受けたがる。学校では子供は保護の対象なので、学校事故では被害者が勝訴しやすい。2011年、東日本大震災の時に宮城県の大川小学校で津波のために84人の児童と教師が亡くなった。これを聞いた時に私は、「この事故は必ず裁判になる。そして、原告が裁判で勝つだろう」と思った。実際にこの事故の数年後に裁判になり、一審で原告勝訴の判決が出た。

日本で重大な事故や大規模の災害が起きると、アメリカのようにすぐに弁護士の勧誘活動が始まることはない。日本では被害者の交渉や刑事告訴などが先行し、それに数年かかる。それでも解決しない場合に（たいてい解決しないのだが）、「真相を明らかにするために」最後の手段として、数年後に民事裁判が起こされることが多い。

弁護士は「確実に勝てる事件」が好きだ。このような事件を扱う弁護士は簡単に報酬を手に入れることができる。そのような事件は裁判をするまでもなく責任の所在が明らかであり、本来、裁判をする必要はない。しかし、時々、物分かりの悪い人が自分の責任を否定して裁判で争い、弁護士にとって「おいしい仕事」を提供してくれる。世の中に物分かりが悪く私利私欲に満ちた人間が多いほど、弁護士の仕事が増える。

国や自治体は、責任の所在がほとんど明らかな場合でも基本的にすべて責任を争うため、弁護士に「おいしい事件」を提供してくれる。国や自治体は、「お上は絶対に間違えない」という戦前からの伝統を維持しているので、事件や事故が起きても責任を認めず、裁判に持ち込んで多額の税金を無駄に使うことが慣例になっている。弁護士に支払う高額な着手金、報酬、裁判の相手方に支払う損害賠償金などはすべて税金でまかなわれ、国民の負担になるが、国や自治体の役人にとって税金は「どうせ自分の金ではない」ので、金に糸目をつけることなく裁判に税金を使う。

交通事故の裁判では、弁護士は被害者側の代理人を歓迎する。加害者側の代理人は多額の報酬を見込めないからである。新聞やインターネットのウェブサイトに、「交通事故の被害者からの相談は無料」という広告が多いが、「交通事故の加害者からの相談は無料」という広告は見当たらない。

社会的に注目される事件は、弁護士が引き受けたがる事件である。弁護士は目立ちたがり屋が多く、社会的に注目される事件が好きだ。この種の事件は、社会的正義を実現するという弁護士の大義名分を実現するには格好の事件である。しかし、そのような事件の数は多くない。その種の事件はマスコミが大きく取りあげるので目立ちやすいが、1人の弁護士が一生の間に扱う「社会的に注目される事件」の数はせいぜい数件程度である。「社会的に注目される事件」を1件も扱うことのない弁護士も多い。これは、生涯、新聞に載ることのない開業医が多いことと同じである。

自治体は、経済活動や財政力の規模から言えば大企業に相当し、その顧問の地位は弁護士にとって一種のステイタスを意味する。自治体の顧問弁護士の地位は古参弁護士が握っている。かつては、行政をチェックすることを弁護士の任務と考える弁護士が多かったが、最近は、自治体と仲よくしたがる弁護士が増えている。人権の侵害は役所もしくは私人の行為から生じる。行政による人権侵害から市民を守ることは弁護士の重要な任務だが、それよりも行政と仲良くしてその下請仕事をした方が収入につながるのだ。

農協、漁協、森林組合、社会福祉協議会、病院、生活協同組合、学校法人、大学、スポーツ

団体などの仕事も、弁護士費用さえ払われれば、多くの弁護士が歓迎する。

遺言、相続、財産分与請求では、財産の多いケースは弁護士が引き受けたがるが、財産が少ないケースは敬遠する。たとえば、田舎の農地、山林しかない遺産分割事件は報酬を得にくいので敬遠する弁護士が多い。

過払金請求事件は確実に多額の報酬を得られるので、弁護士に人気がある。前述したように、2011年に日弁連が規定を設けたため、過払金請求事件では最大でも25パーセントの報酬しかとれなくなった。しかし、それでも、弁護士にとって「おいしい仕事」である。

未払賃金の請求事件は請求額がそれほど大きくないことが多いが、未払賃金の計算さえすれば、確実に報酬が見込める事件である。そのため着手金無料、報酬額20〜30パーセントという内容で大々的に広告をしている弁護士がいる。

破産管財人、成年後見人、不在者財産管理人、国選弁護人などは裁判所が選任するが、大規模な破産管財事件は弁護士の報酬額が大きいので人気がある。戦前は、弁護士会の会長などを務めると、裁判所から「おいしい破産管財事件」を回してもらえたそうだが、現在はそれはない。しかし、誰を破産管財人にするかは裁判所の好みで決めるので、裁判所と仲良くしたがる若い弁護士が増えている。

弁護士が事件の内容や依頼者によって対応を変えることは不公平だが、それが現実である。医療の世界では、基本的にこのような状況はない。それは公的医療保険制度によって誰でも同じ金額で公平に治療を受けることができるからである。しかし、医療の世界でも、公的医療保険制度のない時代には、一部の「良心的な」医者を除き、医者は治療費や薬代を払えない者の治療を拒否することが多かった。当時、このような「良心的な」医者は、治療費や薬代が入らないので一生貧乏暮らしをすることになった。弁護士の世界でも、金のない庶民を相手にする弁護士は貧乏である。現在の日本の司法は、前近代的な医療の世界を想像すれば理解しやすい。

# 第3章　裁判では何をしているのか

## 裁判で真実はわからない

裁判で、「真相を究明し、誰が正しいかを明らかにしてくれる」ことを期待する国民は多い。テレビドラマで弁護士が真犯人捜しをするストーリーが多いのはそのためである。マスメディアも、「国民は裁判で事件の真相解明を求めている」という論調が多い。

しかし、裁判は真相を解明する手続きではない。このように言うと、多くの市民から「真相の解明をしないのはおかしい」という非難を受けやすい。しかし、事件や事故の真相を解明すべきことはその通りだが、裁判手続はそのようにできていない。裁判は、事件や事故の関係者の責任の有無を判断する手続である。

たとえば、民事裁判でも刑事裁判でも、被告や被告人が責任を認めれば、その点の審理はされない。損害賠償請求の裁判で被告が過失を認めている場合には、過失の有無や過失の原因に関する審理はされない。事故の被害者は事故に至った経緯や、「なぜ加害者が過失を犯したのか」を解明してもらいたいと考えるが、加害者が過失責任を認めれば責任の有無や原因を調べる必要がない。

また、裁判では、関係者が責任を負うことを恐れて真実を語らないことが多い。そのため、欧米では、重大な事故の調査では証言内容に関して刑事責任を問わないことを条件に事故調査を進める考え方がある。しかし、日本では、関係者に「本当のことを言え」、「ただし、その内容について法的責任を問うぞ」というのが関係機関の方針であり、それでは関係者が真実を語らない。真実を語らない関係者を世論が非難することを繰り返す、というのがいつものパターンである。

裁判では責任の有無は証拠の有無で判断される。裁判は証拠の有無を判断する手続きであり、常識的な意味で「正しい」かどうかを判断する場ではない。裁判では立証責任を負う側が証拠を提出できなければ主張が認められない。「貸した金を返せ」という単純な事件でも、借用証がなければ裁判で負けることが多い。法律では、真偽不明の場合には請求する側が負けることになっており、真相は関係ない。

このような裁判の世界特有のルールを国民は理解できない。多くの国民は、「裁判所に調べてほしい」と考えるが、裁判の仕組みは、「自分で調べて証拠を提出しなさい」というもののである。民事裁判を支配する考え方は、自由競争と自己責任である。裁判官は裁判で提出された主張や証拠を判断するだけで、積極的に調べることはしない。証拠を提出できなければ裁判で負ける。それが真実かどうかは関係ない。

民事裁判では、主張、立証は当事者の自由とされるので、どんなに重要な証人でも申請がなければ裁判で取調べがなされない。弁護士は、重要な証人であっても有利な証言を期待できない場合には証人の申請をしない。加害者や被害者が申請しない証人を裁判所が職権で採用することはない。

裁判は当事者の駆け引きや戦略に左右され、この駆け引きを「遊び」だと言うとひんしゅくを買うが、ある種のplayである（『ホモ・ルーデンス』ホイジンガ、中央公論社、1973、168頁）。裁判上の駆け引きやテクニックで行われる裁判は、真相の解明にはほど遠い。

1審と2審で判決の結論が異なるケースが少なくない。時々、1審の裁判でおかしな判決が出ることがあり、これは2審で是正されることが多い。その多くは法律を形式的に当てはめただけの判決や「証拠がない」と簡単に片づけた判決であり、若い裁判官にその傾向がある。若い裁判官と最近増えている未熟な弁護士の組み合わせは、それに応じた裁判を実現する。アメリカでは裁判官が40歳以上の法律家の中から選ばれるが、納得できる。事実の認識や的確な判断は、法律の知識があればできるというものではない。法律の知識の習得は多少の能力があれば誰でもできるが、優れた判断力を身につけることは難しい。

控訴すれば結論が変わる可能性がある場合でも、控訴しない人が少なくない。裁判に時間、金、労力をつぎ込むことは貴重な人生の時間の無駄だと考える人は、簡単に控訴することを諦める。その場合には1審判決が間違っていても是正されない。控訴すべき事件で控訴しない人が多い一方で、控訴しても結論が変わる見込みがない事件で感情的になって控訴する人が多い。

ある高裁長官は酒の席で、「日本では裁判に真相解明を求める国民が多いので、実際にはそれができなくても、裁判所は真相解明をめざすと言うのだ」と酔った勢いでホンネを漏らした。国民の期待と現実の裁判制度の間に大きなギャップがある。

弁護士も、社会的に重要な事件を受任した場合には、依頼者やマスコミに対し、「裁判で事件の真相を解明したい」と述べる。私もマスメディアの前で、もっともらしい顔をしてそのように発言したことが何度もある。これは、真相解明を願う依頼者と世論向けのパフォーマンスである。弁護士は、内心では裁判で真相の解明が難しいことを知っているが、それを口にすることはない。それは、弁護士の仕事が客商売だからである。弁護士が「真相の解明は無理だ」と言えば、事件や事故の被害者はその弁護士に依頼をしない。判決で事件や事故の真相の解明ができなかった場合には（たいていそうなるのだが）、弁護士は判決について、「裁判所は真相の解明のためにもっと努力すべきだった」というコメントをするのが恒例になっている。

裁判は自由競争が支配するので、金のある者や力の強い者が有利である。金のある者は、多額の費用をかけて調査し、有力な証人をいくらでも申請できるが、金のない者は証人に払う交通費さえ負担できないことがある。金のない者は弁護士すら雇えないことがある。それもすべて自己責任とされる。

一般の市民が国、自治体、大企業を相手に裁判をする場合には、特にこの力の差が著しい。国が相手の裁判では、国は裁判のためにいくらでも税金を使うことができ、職務命令を出せば公務員をいくらでも裁判に動員できる。大学のエライ先生たちも、国が大学に支給する研究費や補助金で大学を縛っているので、国の意向に逆らいにくい。裁判官すら国から給料をもらっており、裁判官の人事は国の官僚機構が握っているので、国に逆らいにくい。他方、国に対して裁判を起こす一般市民は、裁判にかかる費用と時間をすべて自分の負担や有給休暇でまかなわなければならない。国や大企業と一般市民では、弁護士費用の額と弁護士が裁判のために使える金額に雲泥の差がある。このような裁判で真相を解明することがいかに困難であることか。

裁判の当事者が障害者や高齢者の場合には、裁判で絶望的なほどに不利になる。目、口、耳、身体が不自由な者は弁護士との打ち合わせ自体が困難であり、後で述べるような弁護士による「作文」の作成が難しい。資力や能力のある者はあらかじめ裁判に備えて証拠をそろえることが可能だが、一般の市民は裁判になった場合に備えることなく無防備状態で行動する。証拠がなければ裁判所は簡単に申立を退ける。現実の裁判は真相にはほど遠く、すべて「自己責任」として正当化される。

高齢者の場合には記憶の混乱や記憶力の低下が著しいことが多い。裁判官の多くは、「重要な出来事の日時を忘れるはずがない」と考え、記憶のあいまいな者の言うことを信用しない。高齢者や知的能力に劣る者は記憶間違いや勘違いが多いが、裁判官は「変遷のある供述は信用できない」と考える。裁判所に通用しやすいストーリーとそうではないストーリーがある。弁護士は依頼者や証人との間で繰り返し練習し、首尾一貫した矛盾のないストーリーを構築する。弁護士は証拠や供述を「加工」して裁判所に提出することが多く、裁判官は「生の事実」よりも「整理された事実」の方が判決を書きやすいので歓迎する。弁護士の間で、しばしば、「その主張が裁判所に通用するかどうか」の議論がなされるが、そこでは「真実かどうか」よりも「裁判所に通用するかどうか」が重視される。

事故原因の調査のように真相解明のために必要なものは科学的な考え方であるが、裁判は紛争に決着をつけるための技術であり、科学とは無縁である。その技術の一部に作文、マニュアル、パターンの重視がある。法律が定める要件に該当する場合、つまり、一定のパターンに当てはまる場合は請求が認められるが、パターンからはずれる場合は請求が否定される。そこでは真実かどうかに関係なく、マニュアルやパターンに基づいて裁判所が簡単に結論を出せるシステムになっている。そこでは、裁判所が出す結論が真実である必要はない。

刑事裁判では、警察、検察は税金を使って犯罪捜査をし刑事裁判を遂行するので、大きな力を持っている。これに対し、被告人やそれを弁護する弁護士は、自由競争のもとで徒手空拳で闘わなければならず、圧倒的に不利な立場に置かれる。刑事裁判でも裁判所が真相解明のために積極的に動くわけではなく、検察側と弁護側の提出する資料を判断するという受動的な姿勢に終始する。検察側は収集した証拠のうち有罪に役立つ資料しか提出しない。刑事裁判での誤判が人権問題として取りあげられることが多いが、民事裁判でも同じ問題がある。

## 作文に追われる弁護士

日本の裁判は、民事裁判も刑事裁判も「作文」が重視され、弁護士は事務所で文書作りに追われる。この点は、役所、学校、企業などでも同じである。私はかつて公務員をしていたことがあるが、役所の中で深夜まで文書作成に追われた。日本の社会全体で文書による管理が増えている。口で言えばすむことでも文書にすることが、日本の社会の時間当たりの生産性の低さと長時間労働につながっている。自然災害すら、詳細な文書（マニュアル）を作成すれば防止できるという幻想が蔓延している。

刑事裁判では、捜査官（警察官、検察官）が被疑者から聞いた内容を文章にし、それに被疑者に署名をさせる。それが供述調書であり、刑事裁判では重要な証拠になる。私がこの供述調書を初めて見たのは司法修習生の時だが、その時、「何だこれは！　作文ではないか。こんなもので裁判が行われるのか」と驚いた。

民事裁判では、弁護士は準備書面や陳述書、報告書などの「作文」の作成に追われる。民事裁判以外の調停、審判、破産事件や成年後見などでも手続きの書式化、マニュアル化が進んでおり、あらゆる場面で書類を作成しなければならず、弁護士は書類作成に追われる。少額事件であっても書類作成にかなりの時間がかかり、弁護士は書面作成の労力に見合わない低額の弁護士費用にいつも悩まされる。朝から晩まで書類作成に追われる弁護士を見て、「弁護士の仕事がこんなにつまらないものとは思わなかった」と言った法律事務所の事務員がいる。もっともなことだ。

民事裁判では、証人や依頼者の話す内容をあらかじめ聞き取った陳述書という文書を裁判所に出すことになっている。陳述書の量は数頁から数十頁に及ぶ。裁判官は、「具体的かつ詳細な」陳述書の信用性が高いと判断するので、陳述書の頁数は多ければ多いほどよいといった感じで、どうでもよいことをダラダラと書くことが多い。

陳述書の作成では長い物語を書かなければならず、弁護士の長時間労働につながる。裁判官にとって何時間もかけて当事者や証人から話を聞く代わりに、弁護士に陳述書を提出させれば、短時間で内容を把握でき仕事の効率がよい。しかし、その効率のよさは、生の事実に接することを回避し、真実から遠ざかることを意味する。弁護士は、陳述書に依頼者の都合の悪いことは一切書かず、都合のよいことしか書かない。簡潔に書けば数頁ですむ内容でも十数頁に水増しして書くことが多い。弁護士は、書面の量が多い方が依頼者から報酬をもらいやすい。裁判実務では文章を簡潔に書くことは嫌われる。判決文も分量が重要なようだ。内容がとぼしく分量だけが取り柄の陳述書の作成に追われていると、人間の能力が次第に低下していくような気がする。しかし、多くの弁護士はそれを「大切な仕事」だと考えている。

陳述書は弁護士による作文であり、弁護士の主観が入りやすい。当然、弁護士の聞き間違いもあるが、それを後で訂正すれば「供述の変遷」にあたるとして裁判官に信用されなくなる。そのため、あえて訂正しないこともある。弁護士の主観が入った作文がエスカレートすると、弁護士が陳述書（意見書）の内容をねつ造することがある。

以前、ある知人から弁護士の文書ねつ造の相談を受けたことがある。その知人は、「弁護士からある裁判で意見書を書いてくれと依頼された。弁護士と打ち合わせをして、弁護士が私の作成すべき意見書を作成し、これに署名をしてくれと頼まれた。その意見書の結論的な部分は私の考えと異なるので、私は訂正を申し入れた。しかし、その弁護士が訂正を受け付けてくれない。どうしたものか」と悩んでいた。自営業者である知人（特定分野の専門家でもある）は仕事上の取引先からの紹介でその弁護士の依頼を受けており、裁判に協力しないと仕事上の不利益が生じるが、そうかと言って虚偽の意見書に署名をするわけにいかない。その後、その知人がどうしたかは聞いていない。その裁判は、意見書をねつ造しようとした弁護士の依頼者側が敗訴し、最高裁で上告が棄却され敗訴判決が確定したので、弁護士の行った意見書ねつ造は判決に影響しなかったことになる。この裁判は当時マスコミが大きく報道し、その判決はその分野のリーディングケースとして判例集に搭載されている。

この弁護士の意見書ねつ造がバレれば、その弁護士は弁護士会から懲戒処分を受けるが、この知人が弁護士会に懲戒申立をすることは100パーセントありえない。その知人にとって懲戒申立をすることにメリットがまったくなく、逆に、それをすればその知人はその業界で仕事をすることが難しくなるからである。高額の弁護士報酬と顧問の地位がかかった事件で、弁護士の熱意がこのような事件をもたらしやすい。弁護士会による懲戒処分はほんの氷山の一角である。

陳述書の内容について、弁護士が「それは不利だから書かない方がよい」、「○○と書いた方がよい」と指導することが多い。裁判で偽証の「指導」をする弁護士がいるが、陳述書の作成でも、弁護士の「指導」が当たり前である。それをしない弁護士は、依頼者から「熱意がない」と評価され、報酬をもらいにくい。裁判官がそのような陳述書に惑わされて間違った判断をしても、「それはそのような陳述書を作成した弁護士とそれを依頼した当事者の責任である」とされる。

弁護士の不正行為の多いアメリカでは、そのほとんどが「弁護士の熱意」に基づくと言われている。アメリカでは、弁護士に関するある世論調査で、「弁護士はよく嘘をつく」という回答が69パーセント、「弁護士は強者を守って金持ちになるために法制度を利用する」という回答が56パーセントだったそうだ（「アメリカ司法を理解するためのキーワード」鈴木仁志、『自由と正義』2000年7月号）。同様の指摘は、『アメリカの危ないロイヤーたち』（前出、178頁）

でもなされている。２０２０年のアメリカ大統領選挙の後にトランプ弁護団の弁護士たちは、「はじめに」で述べたように、口では「不正選挙の証拠がある」と言いながら、裁判所に選挙の不正の証拠をほとんど提出しなかった。アメリカの弁護士の実態を知っている人には、このような弁護士たちの行動がよく理解できるはずだ。日本の弁護士もアメリカに近づきつつある。

私は、弁護士になった当初、作文に基づいて行われる裁判を「茶番だ」と感じたが、その後、30年以上も作文に明け暮れる生活を送ると、それが当たり前になる。そんなことをいちいち気にしていたら弁護士として飯が食えない。これはある種の感性の麻痺であり、同時に仕事上の知恵でもある。「鈍感力」が必要なことは、弁護士の業界に限ったことではない。

日本では弁護士がつかない本人訴訟が多く、本人訴訟では、答弁書、準備書面、証拠説明書、証拠申出書、陳述書などを作成することが難しい。日本の訴訟手続は、法律上は本人訴訟を原則としているが、実務上は書類中心の手続であり、現実には本人訴訟が難しい。裁判所に提出する書類の書き方がわからない当事者が、裁判所の窓口で裁判所の職員から長時間説明を聞き、時には、「そんな難しい書類を書けるわけないじゃないですか」と怒鳴っている光景を目撃することがある。

裁判所が作文を要求するのは、その方が効率的だからであるが、そこで言う効率は裁判所の効率であって、弁護士や裁判を起こす市民の効率ではない。弁護士や市民から見れば、作文中心の日本の裁判は非常に効率が悪い。口で説明すれば短時間ですむことを、何時間もかけて作文しなければならないからである。

弁護士は依頼者や証人に長時間接することで依頼者や証人の言うことが本当かどうかを判断するが、裁判官は陳述書を多用するため当事者や証人と接触することが少ない。裁判の関係者と接触することを嫌い、弁護士とだけ話をしたがる裁判官が多い。法律用語という「特殊な言語」は弁護士にしか通じないし、生身の人間を理解することは難しいからである。弁護士は紛争の関係者に20時間くらい接して心証を形成したとしても、裁判官は30分程度しか生身の人間と接触しない。弁護士の法廷でのパフォーマンスと作文しか見ない裁判官には、裁判の当事者の述べる内容が真実かどうかわからない。生身の人間と接触する時間が短いので、その代わりに裁判官は、供述が変遷していないかどうか、理路整然としているかどうかといった「理屈」で供述の真偽を判断しようとする。その結果、裁判における事実認定が形式的なものになりがちである。この傾向は若い裁判官に顕著である。裁判は人間の行動を判断するものであり、人間の理解がなければまともな裁判はできない。

弁護士が作文に費やす時間が多ければ多いほど、それは弁護士費用の額に反映し、弁護士に依頼する市民の経済的負担が大きくなる。

## 弁護士は平気で嘘をつくか

前記のとおり、アメリカでは、ほとんどの人が弁護士を「嘘つき」だと考えており、弁護士みずからもそのように考えている。アメリカでは、ほとんどの裁判で偽証がみられるという意見があり、証人や当事者に偽証を示唆する弁護士が多いようだ。

日本の弁護士の多くは、自分らが「嘘つき」だとは考えていないが、裁判の関係者が平気で嘘をつくことを知っている。依頼者が嘘をついてもそれに簡単に騙される裁判官が少なくない一方で、関係者が本当のことを述べてもそれを裁判官が信用しないことが多い。現在のように裁判官が当事者と接する時間を限りなく少なくする制度では、裁判関係者の言うことが本当かどうかを裁判官が短時間で判断することはほとんど無理である。

弁護士は、裁判で依頼者の嘘を見て見ぬふりをすることがある。依頼者が打ち合わせと異なることを言い、それが明らかに嘘だとわかる場合でも、供述が有利な内容であれば「それは嘘でしょう」とは言わない。弁護士が依頼者にとって不利な事実を知った場合に、アメリカではそれを裁判で隠す弁護士が多いが、日本でもその傾向がある。

依頼者の中には、「裁判でどのように言えば有利になるかを教えてほしい」と言う人がおり、それに応じて親切にアドバイスする弁護士が少なからずいる。裁判官は、裁判の当事者の供述が途中で変わるとその供述を信用しない。裁判官は一貫した矛盾のない説明を信用するので、弁護士はしばしば、裁判官に受け入れられやすいように関係者の供述を「指導」ないし「構築」する。弁護士が関係者の供述が変遷しないように供述を「固める」作業をすることが多い。弁護士のそのような行動は、事実の隠蔽や偽証と紙一重である。巧妙な人は裁判で一貫した嘘の供述をするが、それほど賢明ではない正直すぎる人はしばしば自分の勘違いや記憶間違いを裁判で露呈し、真実を述べても裁判官に信用されないことが多い。

しばしば、裁判で代理人の弁護士が、「そのような事実は知らない」と述べる。弁護士は、知っていることでも「知らない」と書面に書くことがある。そのようにすれば、相手方がその点の証拠を裁判所に提出しなければならず、それができなければ相手方が裁判で負ける。弁護士の訴訟戦術としてこれが「当たり前」になっているが、正直な市民から見れば、「知っていることを知らない」と言うことは「嘘つき」である。

離婚の裁判で依頼者が、「自分が不倫をしたことを隠して裁判をしてくれ」と言い、裁判で「不倫をした事実はない」、「不倫をしたというのであれば、証拠を出せ」と主張する弁護士がいる。不倫をした証拠が相手方から裁判に提出されれば、弁護士は不倫を認めて和解で（要するに金で）解決するが、証拠がなければ「不倫の事実はない」という主張を押し通す。

あるいは、弁護士が裁判で意図的に重要な証拠を隠すことがある。証拠を裁判に提出するかどうかは当事者の「自由」である。それが自由競争の社会を反映した理屈である。弁護士が積極的に証拠を隠蔽すれば犯罪になるが、そこまでしなくても、依頼者が証拠を隠蔽し、弁護士がそれを「聞かなかったことにする」ことがある。弁護士が依頼者に証拠隠蔽を「ほのめかした」だけで「指示した」わけではないと弁解するケースがある。このような弁護士の行動は、市民から見れば「嘘つき」である。

かつては、裁判の勝敗に関係なく、紛争に関して認めるべきことは認め、争うべきことは争い、紛争の公正な解決に向けて努力する弁護士が少なくなかった。そのような弁護士は紛争の相手方からも信頼された。しかし、そのような「古典的な弁護士」が減り、依頼者に忠実に徹底的に争う弁護士が増えている。それは弁護士の数が増えて競争が激しくなったためである。最近は、依頼者に忠実に行動し、なりふり構わず裁判の勝敗にこだわる弁護士が増えた。かつては、自分の依頼者に不利な証拠であっても公正な裁判のためにあえてそれを裁判所に提出する弁護士が少なくなかった。しかし、最近はそれを隠すことを「当たり前」だと考える弁護士が多い。それは、役所、警察、学校などが都合の悪い文書や証拠を平気で隠す感覚と同じである。重要な証拠を隠すことは、「嘘をつく」ことと同じである。

## 人々のホンネ……弁護士の仕事が増えてほしくない

弁護士は、「誰でも気軽に弁護士に依頼できるようになるべきだ」と言い、その点に疑問を持つ弁護士はほとんどいない。そこでは、「弁護士に依頼すること」を望ましいこととして考えている。この考え方は「弁護士が金をもらう」ことが前提であり、弁護士業は仕事であってボランティア活動ではない。

しかし、一般の市民は、弁護士に金を払って依頼することはできれば避けたいのであって、「弁護士に依頼すること」を否定的に考える傾向がある。一般の市民は弁護士の仕事が増えることを歓迎しない。この点で弁護士の意識と市民の意識の間に大きなギャップがある。

裁判所は、国民に裁判所の利用を呼びかけるが、それはタテマエであって、ホンネは裁判所の利用者が増えてほしくない。裁判所は限られた裁判官と職員数で仕事に追われており、裁判官は土、日曜日や休日に裁判記録を読み判決を書いている。現在でも裁判官は忙しすぎて「人間の生活」をしていないが（ただし、ほとんどの裁判官はそれが当たり前だと考えている）、これ以上裁判所の仕事が増えれば、裁判所がパンクする。今でも裁判官の過労死、自殺、精神疾患があるが、それらがさらに増える。

裁判所にとって、弁護士の数が増えることはかまわないが、弁護士の仕事が増えれば裁判所の仕事が増えるので、弁護士の仕事が増えることは歓迎しない。幸いなことに、弁護士の数が増えても日本全体の裁判件数が増えていないので、裁判所は一安心といったところだろう。

日本で弁護士の数が増えても裁判件数が増えないのは、弁護士費用がかかること以外に、裁判を起こしにくい制度が影響している。日本では、医療事故訴訟、日照権、製造物責任訴訟、公害訴訟、行政訴訟などは裁判を起こしにくく、勝訴率も低い。それがこれらの裁判件数を低く抑えている。生涯これらの事件を1件も扱わない弁護士は多い。

明治以降、国は一貫して国民が裁判を起こすことを制限してきた。明治になって民事訴訟制度ができたが、当初、裁判を起こすのに印紙代がかからなかった。当時は弁護士制度が確立していなかったので、裁判を起こすのに弁護士に依頼することがなく、自分で裁判を起こすのはタダだった。そのため、1875年には民事訴訟件数（新受件数）が32万件以上あった（『日本人と裁判』川嶋四郎、法律文化社、2010、101頁）。当時の日本の人口は現在の約3分の1なので、今で言えば、民事訴訟が100万件以上あったことになる。これに驚いた明治政府は民事訴訟に印紙制度を導入し、これにより、民事訴訟件数が激減した。近年の民事第1審通常事件の新受件数は、2009年の約23万件をピークにその後減り続け、2018年は約13万8000件である。明治の初め頃の日本の経済活動の規模や人口を考えれば、1875年の32万件という民事訴訟件数がいかに多いかがわかる。また、江戸時代でも訴訟が1年間に数万件あったので、人口比では現在の訴訟件数は江戸時代と大差ない。

また当時、勧解（カンカイ、調停のような制度）はタダで申し立てができたため、1883年には勧解の申立件数が約109万件に達した（同前、108頁）。これに驚いた明治政府は勧解の制度を廃止したので、勧解件数が0件になった。対象を限定した調停制度が復活したのは、ずっと後のことである。

その他にも、裁判所への中立に経費がかかる方法によって中立件数が抑制されている。土地に関する裁判では、土地を20～50万円くらいかけて測量しなければ裁判を起こせないことが多く、それが土地に関する裁判を抑制している。複雑な相続関係のある土地の紛争では、相談者に「弁護士費用以外に裁判の経費が20万円、判決を得た後の登記費用が20万円かかります」と説明すると、裁判を諦め、紛争を放置する人が多い。損害賠償請求事件では、訴状に貼付する印紙額が欧米に較べて非常に高い。５０００万円を請求する裁判では訴状に17万円の印紙を貼らなければならない。

明治以降の日本の司法改革は、２００１年以降の司法改革を含めて、常に「上からの改革」であり、日本の司法は管理する側に都合のよい制度になっている。これを「本当に」国民が利用しやすい制度にすれば、裁判件数が増えて裁判所がパンクする。国、経済界、裁判所にとって司法の利用は少ない方がよい。日本の裁判官は慢性的に長時間労働をしている。裁判所は弁護士の数が増えて裁判が増えることを心配したが、現実には裁判件数が増えていないので、安心した。ただし、弁護士の数が増えた結果、未熟な弁護士が増えたことが裁判所を困らせているようだ（『変貌する法科大学院と弁護士過剰社会』森山文昭、花伝社、２０１７、１２０頁）。

裁判所の立場では、非常に多い本人訴訟に弁護士がついてほしいと考えているだろう。本人訴訟に弁護士が代理人でつけば、裁判所の負担が大幅に軽減される。しかし、弁護士の数が増えても本人訴訟は一向に減らない。本人訴訟をする最大の理由が弁護士費用をかけたくないことにあるので、弁護士の数が増えても本人訴訟は減らない。

かつて、特定調停（借金の整理をするために行われる裁判所の中での話し合い）の中立が多かった頃、裁判所の書記官から、「特定調停の中立にほとんど弁護士がついていない。どうして弁護士が代理人になってくれないのか」と言われたことがある。弁護士がつかない特定調停では、書記官が利息計算などをしなければならず、書記官の仕事が増える。それに対し私はその書記官に、「弁護士費用を用意できる人は弁護士に依頼して任意整理をするので、特定調停の中立はしません。弁護士費用を払えない人が自分で特定調停の中立をするのですよ」と返答した。その書記官は怪訝そうな顔をしていたので、たぶん私が言ったことを理解できなかったのかもしれない。

役所や経済界もホンネは、弁護士の数が増えても裁判の数は増えてほしくない。日本では1年間に、行政訴訟が約3000件、国家賠償訴訟が約2000件、製造物責任訴訟が約10件であり、これは、欧米の裁判件数に較べれば、「ほとんどない」に等しい。この点に役所と経済界は満足しているはずだ。役所と経済界にとって、これらが弁護士が増えた結果として増えるようでは困るが、その兆しはない。

# 第4章　増えすぎた弁護士とその弊害

## 弁護士の需要と供給のアンバランス

司法試験合格者数は長い間、年間500人程度だった。しかし、1991年頃から司法試験合格者数が増え、2007年に合格者数が2000人を超えた（2019年は約1500人）。増えた司法試験合格者のほとんどが弁護士になった。弁護士の数を増やす理由として、「弁護士が足りない」という点があげられていたが、弁護士の数が増えても、裁判の件数は減っている。裁判以外の弁護士の仕事は若干増えた可能性があるが、全体としては仕事のない弁護士が増えた。その結果、弁護士の「就職難」や「収入減少」が問題となり、弁護士の人気が低下した。法科大学院の志願者が大幅に減り、当初74校あった法科大学院のうち2019年までに38校が募集を停止した。そのため国は、当初、年間3000人をめざした司法試験合格者数を約

1500人まで減らした（2017年）。

法科大学院制度は、弁護士の多様性担保という面でも問題がある。司法試験に受かると司法研修所に入り、司法修習生になる。かつては司法修習期間は2年間あり（現在は1年間）、金額は多くないが給料（給費）が支給された。私は公務員をしながら司法試験を受けたが、私が弁護士になった昭和の時代の終わり頃は、働きながら司法試験を受けて弁護士になる人は珍しくなかった。しかし、2004年に法科大学院制度ができて以降は、法科大学院に入らなければ司法試験を受けられない制度になり、働きながら司法試験を受けることが難しくなった。しかも、法科大学院は多額の学費がかかるので、金のある者しか入れない。ただし、法科大学院を卒業しなくても予備試験を受ければ司法試験の受験は可能だが、予備試験を受ける者は大学生が多い。現在は、多様な人材やさまざまな経歴の持主が弁護士になることが難しくなっている。

弁護士の数が増えても弁護士の仕事が増えないのは、弁護士への依頼や裁判に金がかかるからである。2020年に新型コロナ感染症の問題が発生する前は、大企業は好景気だったが、消費者の消費支出は増えていなかった。日本では、税金が増えて年金額が減り、将来の生活不安が大きいので、国民はできるだけ無駄な出費を抑えようとする。弁護士に依頼して弁護士に金を払うことは消費支出の一部であり、国民はそのような出費をできるだけ抑えようとする。また、国民は誰もが自分が弁護士に依頼するような事態がないことを願っており、弁護士への依頼をできるだけ避けたいという気持ちが強い。

弁護士の増加を推進する人は、口をそろえて「弁護士の潜在的需要がある」と言うが、これは意味のない意見である。潜在的需要を判断する方法がなく、実現不可能な需要を考えても無意味だからである。需要が実現可能かどうかが問題である。司法改革が考えた「弁護士の潜在的需要」は、統計数値に基づく机上の理屈であり、弁護士が増えるだけでは現実化しない需要だった。

弁護士過疎地では弁護士の数が少ないが、それ以上に弁護士に金を払える人が少ない。その理由は、田舎には、経済活動、富、金がないからである。都会と田舎の所得格差が弁護士の都会集中をもたらす。田舎でも開業医の経営が成り立つのは公的医療保険制度のおかげである。田舎の弁護士のほとんどが収入が少ない。田舎で弁護士をするよりも都会でサラリーマンになった方がよほど収入が安定する。

弁護士を取り巻く状況は、歯科医がたどった経過に似ている。歯科医の子供を歯学部に入りやすくするために大学の歯学部を大幅に増やした結果、歯科医が過剰になり、年収300万円程度の歯科医や潰れる歯科医院が多い。

弁護士の現実の需要と数のバランスが重要である。それがなければ、過剰になった弁護士が市民にもたらす弊害が大きい。不動産業者が過剰になれば倒産するだけだが、弁護士は法律の知恵があるので、倒産する前にさまざまな害悪をまき散らす。この点はアメリカの弁護士がよい見本だ。

弁護士に限らず、あらゆる国家資格に需要と資格者数のバランスが必要だが、日本ではほとんどの資格にそれがない。何百万円も金と時間をかけて苦労して国家資格を取得しても、資格がまったく使い物にならなければ、国家レベルの詐欺である。そのような社会は若者に、未来に対する意欲と希望を失わせるに十分である。

## 弁護士の競争がもたらすもの

弁護士の数が大幅に増えても日本全体の裁判件数や弁護士の仕事が増えていないので、弁護士の平均収入が減少するのは当たり前である。ただし現実には、一部の数千万円以上を稼ぐ弁護士の富裕層と収入の多くない弁護士の二極化が進んでいる。この点は弁護士に限ったことではなく、あらゆる分野で格差が拡大し、二極化が進んでいる。格差の拡大は全世界で進行している（『21世紀の資本』トマ・ピケティ、みすず書房、２０１４など）。

弁護士は依頼者から金をもらって成り立つ職業であり、依頼者の懐具合が弁護士の収入に反映する。市民の所得格差が拡大すれば、弁護士の格差も拡大する。都会と田舎の所得格差が拡大すれば、都会の弁護士と田舎の弁護士の格差も拡大する。弁護士業は格差社会の鏡であり、弁護士の収入は顧客層次第である。

格差をもたらす要因として資産や機会の有無に人々の関心が集まりやすいが、能力と資質の差からも格差が生じる（『正義論』ジョン・ロールズ、紀伊国屋書店、２０１０、『正義のアイデア』アマルティア・セン、明石書店、２０１１など）。貧しい境遇で育っても図抜けた能力とがんばりがあれば競争社会で成功できる。日本では「がんばれば誰でも夢を実現できる」、「負け組は自己責任」という言葉が流行っているが、ほんの少し考えれば、「全員が競争に勝つ」ことはありえないことがわかる。

法科大学院は金がかかるので、法科大学院への入学には資産の格差がモノを言う。しかし、能力のある者は、金がなくても予備試験を受けて弁護士になることができる。弁護士になった後は、能力とがんばりがあれば、「成功」（あくまで金を得るという意味だが）できる。弁護士になる者は、ある程度以上の能力を持ち、それなりの努力をするが、食っていけない弁護士がいる。これは、競争社会では全員が競争に勝つことがありえないからである。

社会が発展するためには競争が必要であるが、まったく規制のない競争はさまざまな弊害をもたらす。野放しの競争社会は多くの障害者や高齢者、子供が飢え死にする野蛮な社会になる。ロバート・ライシュが『最後の資本主義』（東洋経済新報社、２０１６）で述べるように、市場での自由競争を規制し、競争を管理することが必要である。格差のあることが問題ではなく（人間に個体差がある限り、必ず格差が生じる）、格差が大きすぎることに問題がある。弁護士についても競争は必要であるが、弁護士の需要と弁護士の数のバランスがなければ市民にさまざまな弊害をもたらす。

企業、資産家、国、自治体、資金のある団体などにとっては、弁護士の競争はさまざまな面で都合がよい。数が増えた弁護士の中から優秀な人材を選択できる。かつての弁護士がやりたがらなかった仕事でも、安い費用で弁護士を買いたたくことが可能になった。これは弁護士の商品化と言ってもよい。

しかし、一般の市民や零細企業の場合は、弁護士に依頼するのは一生の間に1回あるかないかであり、コンビニで買い物をするように弁護士の比較ができない。心理学では、選択肢が増えれば増えるほど、人間は選択に迷うと言われている（『選択の科学』シーナ・アイエンガー、文藝春秋、２０１０）。市民は、弁護士の数が増えれば弁護士の選択に迷い、結局、広告などの宣伝や勧誘文言、「無料○○」などの表示に惑わされやすい。弁護士の顧客獲得競争は、これまでに述べたようにさまざまな弊害をもたらす。

多くの弁護士が営業活動に力を入れ、なりふりかまわずあらゆることを弁護士の宣伝材料に使っている。地方の法科大学院を首席で卒業したことをウェブサイトで宣伝する弁護士がいるが、私は思わず笑ってしまった。このウェブサイトを見た人は、「なんだ、田舎の二流法科大学院じゃないか」と思うだろう。

弁護士の頭の中では常に「事務所を経済的にいかにして維持していくか」を考え、「おいしい事件」を探し、収入につながらない仕事に関心が向かなくなる。弁護士が「着手金無料」を広告するのは、確実に報酬の入る事件だけである。アメリカでは、多額の報酬が見込める事件は着手金が無料だが、離婚事件などの時間のかかる事件はタイムチャージ制をとる弁護士が多い。

他方、日本では、一般の市民の事件でタイムチャージ制をとることは稀である。そのため、離婚事件などでは弁護士が依頼者の話をできるだけ早く切り上げようとして、依頼者から「弁護士が自分の話を聞いてくれない」という不満が出ることが多い。私も、低額の弁護士費用で受任した事件で、依頼者が電話で頻繁に1時間くらい話をすることに参った経験が何度もある。依頼者にとっては安い費用で何時間でも話を聞いてくれる弁護士が理想だが、経済的余裕のない弁護士にはそれは無理である。

弁護士業は月によって収入の変動が大きいので、資金に余裕のない弁護士は顧客の預り金を事務所経費に「回す」恐れがある。これは、横領である。弁護士の増加と競争は資金に余裕のない弁護士を増やしている。これは、地下のプレートのひずみによって地震のエネルギーが蓄積されていくのに似ている。地震の危険性も弁護士の横領の危険性も、現実化するまで目に見えない。目に見えた時は手遅れである。

かつては弁護士のボランティア的な仕事だった分野が、最近は、弁護士の「通常業務」になりつつある。つまり、事件処理に経済的採算を求めるということである。たとえば、解雇、賃金未払などの労働紛争は、かつては人権派弁護士が経済的採算を度外視してボランティア的に扱うことが多かった。この種の事件を扱う弁護士は「労働者の味方」であり、「労働弁護士」（労弁）と呼ばれた。しかし最近は、労働事件を「通常業務」として扱う弁護士が増えている。つまり、経済的に採算がとれる形で引き受ける弁護士が増えている。たとえば、解雇無効事件の広告を出しているある法律事務所は、裁判費用として着手金30～40万円、報酬60～70万円を規定している。未払賃金請求では、着手金無料、報酬は回収額の20～30パーセントという内容の広告を出している弁護士がいる。かつての労働弁護士は、労働組合などが裁判を支援する運動として解雇事件などを実費的経費だけで引き受け、何年もかかる解雇無効の裁判をすることが多かった。私はそのような弁護団で何件も労働事件を扱った（当時、私は給料制の弁護士だった）。しかし最近は、労働事件に経済的採算を求める弁護士が増えている。今や労働事件は労働弁護士が扱う特別な事件でなくなり、労働弁護士という言葉は現在では死語である。労働事件を扱う弁護士が増えたが、依頼者の経済的負担も増えた。

企業の顧問などを多く務めているある弁護士が、労働者の過重労働を理由として企業に損害賠償請求の裁判を起こしたケースがある。法的には根拠のない請求であり、裁判所は原告の請求を否定したが、原告代理人の弁護士は依頼者からかなりの額の着手金をもらったはずだ。このケースは、金さえもらえば弁護士はどんな事件でも扱うことを示している。

前述したようにアメリカでは、大規模な事故が起きると、1週間以内に多くの弁護士から遺族宛てに委任の勧誘の文書が届く。弁護士の激しい競争のもとでは、多額の報酬が期待できる事件に弁護士が集まり、経済的採算のとれない事件に弁護士が関心を持たなくなる。今や、弁護士は金さえ払えば何でもすると言っても過言ではない。

## 依頼者に従属する弁護士

弁護士と依頼者の関係が弁護士の行動、裁判の進行、解決内容を左右し、弁護士に対する不満、苦情、トラブルにつながりやすい。弁護士と依頼者の関係は外からは見えない。

法律的知識と裁判の経験の点で弁護士の方が依頼者よりも優位な立場にあるが、依頼者は弁護士に金を払っており、その点で弁護士を支配できる。かつては、依頼者に対し「威張る」弁護士が多かったが、弁護士の数が増えて弁護士の顧客獲得競争が激しくなると、弁護士が依頼者に従属する傾向が生じる。

調停や裁判の和解では、調停委員や裁判官が代理人である弁護士を一生懸命に説得する場面があるが、弁護士が依頼者に従属的な場合には無意味である。弁護士が和解案に納得しても、弁護士が依頼者の意向に逆らえないからである。かつては、依頼者が弁護士の言いなりになることが多かったが、最近は弁護士と依頼者の力関係が逆転し、依頼者の言いなりになる弁護士が増えている。特に若い弁護士は金がないので依頼者の言いなりになりやすく、依頼者を説得できるだけの経験にとぼしい。したがって、「弁護士が納得すれば和解できる」わけではないのだが、当事者本人と話をしたがらない調停委員や裁判官が多い。

一般に、弁護士の着手金が高額な場合には和解がまとまりにくい傾向がある。弁護士が依頼者から高額な弁護士費用をもらって裁判をし、すぐに和解をすれば、依頼者は「弁護士は高額な費用分の仕事をしていない」という不満を持ちやすい。また、依頼者は、高額な弁護士費用を上回る経済的利益を得る和解内容でなければ納得しないことが多い。時々、相手方代理人の親しい弁護士に対し、「先生が着手金をもらい過ぎたから和解できないんでしょう」と皮肉を言う弁護士がいる。

また、弁護士が報酬を得にくい和解案では、弁護士が和解に乗り気でないことが多い。逆に、判決では裁判に勝っても弁護士の報酬が見込めないが、和解では弁護士が報酬を得られる場合には、弁護士は和解に非常に熱心になる。たとえば、建物の明け渡し請求の裁判では、居住者側が裁判で勝っても弁護士は資力のない依頼者から報酬をもらいにくい（依頼者に金がないからである）。しかし、依頼者が、建物を退去する代わりに300万円の明け渡し料をもらう和解であれば、弁護士は確実に和解金の中から報酬をもらうことができるので、弁護士が和解に非常に熱心になる。建物に住み続けたい依頼者に対し、言い方は悪いが、裁判官と弁護士が依頼者の強引な説得に向けて共同戦線を張る場面がある。そのような場合、依頼者は、「自分が依頼した弁護士が相手方と裁判官に丸め込まれた」と感じやすい。

多くの法律相談を受けていると、その中に、別の弁護士に依頼して交渉や裁判をしている人からの相談がけっこうある。このような相談は医療でいうセカンドオピニオンを求めるのとは違う。いわば手術の途中で、手術に対する疑問を別の医師に相談するようなものである。「弁護士に〇〇万円の着手金を払ったが、それは適正な金額ですか」、「弁護士が自分の指示通りに動いてくれない」などの相談が多い。そのような相談者のほとんどは自分が依頼している弁護士を替えるつもりがないので、「弁護士とよく話し合ってください」というアドバイスで終わることが多い。

かつては、依頼者を叱り飛ばして強引に裁判で和解させる弁護士がいたが、最近はそのような弁護士はほとんどいない。現在は、市場に弁護士が溢れているので、金のある依頼者は自分の意に添わない弁護士を解任して、別の弁護士に依頼することができる。しかし、金のない依頼者は費用的に簡単に弁護士を替えることができないので、弁護士との間で感情的なトラブルにつながりやすい。

## 弁護士が増えても費用は変わらない

近年、弁護士が、仕事を回してくれる自治体、法テラス、弁護士会などに従属する傾向が増している。自治体は地方で最大の企業であり、自治体から仕事を回してもらえるので、「自治体に協力する弁護士」が増えている。自治体は、安い費用で弁護士に仕事を頼みやすくなった。

このような弁護士は行政に気に入られ、自治体の委員や第三者検証委員などに指名されることが多い。しかし、行政と市民が対立する場面で、しばしば、「行政寄りの弁護士」として市民から反発を受けやすい。

法テラス（司法支援センター）は、司法支援事業を通じて、弁護士に対する大きな影響力を持っている。法テラスは独立行政法人であるが、国の意向に基づいて動く機関であり、そこでは国の「政治」が支配する。司法支援の対象は国民の約20パーセントに限られ、法テラスが立て替える弁護士費用の額は、開業弁護士が事務所を維持するには困難な単価になっている。それは「政治」の結果である。しかし、多くの若い弁護士は法テラスから仕事をもらうので、法テラスに頭が上がらない。

スウェーデンでは、1972年以降ほとんどの国民がリーガルエイド（司法支援）の対象になった（「スウェーデンの新しい法律扶助法」菱木昭八朗、『リーガルエイド研究』2号所収、法律扶助協会、1997、77頁、『法テラスの誕生と未来』寺井一弘、日本評論社、2011、183頁）。ただし、近年、スウェーデンでは弁護士保険が普及しており、ほとんどのスウェーデン国民がこれに加入している。

フィンランドでも国民の大半がリーガルエイドの対象である。イギリス、フランス、韓国では国民の約50パーセントがリーガルエイドの対象である（『変貌する法科大学院と弁護士過剰社会』前出、214頁）。日本では国民の約20パーセントが司法支援の対象であり、しかも原則として貸付制なので、リーガルエイドではなく「リーガルローン」と呼ばれている。日本の司法支援制度は、国民が利用しやすいリーガルエイドをさまざまな観点から制限している。そのような制限は「政治」の結果である。

弁護士会は、さまざまな事業や宣伝活動を行い、「事件の掘り起こし」を行っており、若い弁護士は弁護士会を当てにする。たとえば、弁護士会主催の法律相談会を通して弁護士は弁護士会から相談料をもらい、受任事件を増やす機会を得ることができる。日本中の企業、役所、裁判所、市民が紛争と裁判が増えることを歓迎しない中で、弁護士会だけが弁護士の仕事を増やすことに努力しており、弁護士会は弁護士に対し絶大な支配力を持っている。それが、高額な弁護士会費などの不満があっても弁護士会に逆らえない業界の雰囲気を作っている。

弁護士の数が増えれば弁護士費用の額が下がるかといえば、そうではない。現実に、弁護士の数が大幅に増えても、弁護士費用の額はほとんど変わらない。それは、ほとんどの人にとって弁護士に依頼するのは一生の間に一度あるかないかであり、しかも、個々の紛争がすべて異なるので競争原理が働きにくいからである。もし、弁護士の業界に単純な競争原理が当てはまれば、小さな法律事務所は飲食店並みに簡単に倒産するだろう。弁護士が簡単に破産する社会は、想像しただけでぞっとする。

弁護士への依頼に関して入札方式を採用し、もっとも低額の着手金の額を提示した弁護士に依頼する方法をとれば、競争原理が働く。しかし、このようなやり方は大きな弊害をもたらすだろう。たとえば、弁護士が着手金を安くして高額の報酬を取る方法、弁護士費用以外の経費の名目で金を取る方法、裁判の途中で追加費用を請求するケース、弁護士の仕事上の「手抜き」、着手金が安い場合には裁判の途中で弁護士が辞任するなどのトラブルが生じやすい。弁護士の着手金が安すぎると、裁判が長期化した場合に弁護士が「割に合わない」と考え、さまざまな理由をつけて辞任するようになる。低価格での家の建築を派手に広告する業者がいるが、そのような業者は価格が安い分だけどこかで「手抜き工事」をすることが多く、消費者との間でトラブルが多い。弁護士も同じである。

過払金請求や未払賃金請求などの弁護士が確実に報酬を見込める事件については、「着手金無料」を広告する弁護士が増えたが、その代わり報酬が高い。この種の事件では、弁護士は報酬が見込めるから「着手金無料」にするのである。「着手金無料」で引き受けた事件を処理している間に報酬の見込みがないことが判明した場合、弁護士が途中で辞任をするか、事件処理の「手抜き」をするかしなければ、いずれその弁護士は、法律事務所を経済的に維持できなくなるだろう。

弁護士の経済的基盤が弱まった結果として、国、自治体、法テラス、弁護士会、企業、団体、資産家などの社会的強者に逆らえない雰囲気が、若い弁護士の間に蔓延している。

# 第5章　弁護士は本当に必要か

## 弁護士は必要か

30年以上弁護士をする中で、「弁護士が本当に必要なのだろうか」という疑問を常に感じてきた。イギリスの思想家のホッブズは、『リヴァイアサン』の中で、人間は本質的に争う動物であり、人間同士の戦争状態を鎮め、平和を実現するのが法だと述べる。法に基づいて裁判制度や弁護士制度が存在する。

もし、法律相談を実施するだけであれば弁護士は必要ない。法律的なことを相談したい人は法律家に尋ねればよい。その法律家は、司法試験に受かっているとしても弁護士会に登録した弁護士である必要はなく、法律に詳しければ公務員や会社員でもよい。現実に銀行、保険会社、県、市町村、法務局などの職員が市民に法律的なアドバイスを行っている。相続や遺言の相談を銀行員が行い、保険に関する相談を保険会社の社員が行っている。これらの部署で法的アドバイスをする者の専門性を担保しようとすれば司法試験合格者を雇用すればよいのであって、弁護士会に登録する「弁護士」である必要はない。弁護士会に登録しなければ自治体や企業の法律業務を行うことができないわけではない。破産管財人や成年後見人、財産管理人は法律に詳しい者であれば足り、弁護士会に登録する「弁護士」である必要はない。現実に弁護士以外の者が成年後見人や財産管理人になっている。

独立自営業者としての弁護士が必要になる場面は、対立する関係者間の紛争の中で交渉や裁判が必要になる場合である。このような「対立的な関係」では、対立する当事者の利益を守るために独立した自営業者である弁護士が必要になる。会社員や公務員は、たとえ法曹資格を持っていても独立性がないため、「対立的な関係」を扱う者としてふさわしくない。市役所の職員は（たとえ法曹資格を持っていても）、行政と市民が対立する相談では中立ではない。会社員である法律家は、会社の利益のために行動するので、相談に関して中立ではない。

弁護士会は「弁護士の利用」を増やそうとするが、多くの市民は金のかかる弁護士よりも無償の法律専門家の方を歓迎する。日本では「対立的な関係」の事件の数は多くない。事件や事故、災害などの被害者にとって弁護士の利用しやすさが必要だが、これらの被害者は常に社会の少数派である。かつて、日本で交通事故紛争が弁護士の仕事の中心だった時代があるが、交通事故死亡者はかなり前から1年間に1万人以下であり、事故死する人の確率は1万分の1以下である。一般に、1万分の1の確率は「非常に少ない」と言ってもよい。市民の多くは、事件や事故の被害とは無縁であり、逆に、「弁護士が利用しやすくなれば、自分が訴えられるのではないか」という不安を持つ人が多い。「自分は弁護士に依頼して訴えるつもりはない。訴えられるのも嫌だ」と考える市民は、弁護士を必要としない。

アメリカでは、5人中4人が一生の間にいつかは裁判に巻き込まれると言われている。ノルウェーでは、家庭向け顧問弁護士契約をする家庭が多く、零細事業者でも頻繁に訴訟トラブルに見舞われる（『あるノルウェーの大工の日記』オーレ・トシュテンセン、エクスナレッジ、2017、85、86頁）。この点は、紛争があっても弁護士に依頼することなく、紛争を放置する零細事業者が多い日本とは大違いだ。

アメリカでは医療事故訴訟の件数が非常に多く、患者側の勝訴率が高いので、医療事故訴訟は弁護士にとって「ドル箱」とされている（『沈みゆく大国　アメリカ』堤未果、集英社、2014）。アメリカの医師が日本の医師よりもミスを冒しやすいとは思えないが、日本ではアメリカに較べて医療裁判の患者側の勝訴率が低い。何よりも日本では医療事故訴訟は年間800件程度しかなく、これらの事故や事件にかかわる裁判は弁護士がボランティア的に扱うことが多い。そのため、弁護士の収入の対象としての「日常業務」になりにくい。

30年以上弁護士の仕事をする中で、双方に弁護士がつかなければそれほど深刻な争いにはならなかっただろうと思われるケースが少なくない。弁護士がつくと紛争が深刻化しやすい。離婚事件などでは、双方の代理人の弁護士が、吐き気がするほど気分の悪い主張を言い合う構図が当たり前である。弁護士はこの種の文章を書くことに慣れているので、当事者本人が書く書面に較べれば格段に詳しく長い文章を書くことができる。それを読んだ相手方が激怒し、いっそう激しい文章を書くことを弁護士に要求する。それだけで弁護士でいることが嫌になりそうだ。

最高裁まで争うケースでは虚しさしか残らないことが多い。私の経験では、「本気の上告」は上告事件の5件に1件程度である。多くの弁護士は、依頼者から「費用を払うので上告してほしい」と頼まれれば、まともな上告理由の有無に関係なく上告理由書を書く。それが弁護士の仕事だからだ。もし、弁護士が「上告理由書は書けない」と言えば、依頼者はその弁護士を「無能」だと言って非難するだろう。最高裁への無意味な上告が多いことが指摘されているが、上告制度がある限り、そしてそれが弁護士の収入になる限り、無意味な上告は減らない。

物分かりのよい人は簡単に弁護士への依頼を諦める。物分かりのよい人は、「面倒なことを頼んで弁護士の先生に迷惑をかけたくない」と言う人が多い。しかし、物分かりの悪い人や激情にかられた人は、本来、話し合いで簡単に解決するような紛争でも、「どうしても裁判をしてくれ」と言う。激情にかられると、少額の紛争でも多額の弁護士費用を使って裁判をする人がいる。ささいなことに大金をつぎ込んで争う人を弁護士は歓迎する。他方、本当に弁護士を必要としている人は滅多に弁護士に依頼をせず紛争を放置して、消滅時効が完成した後に弁護士に相談することが多い。

マスメディアは「田舎では弁護士が足りない」とさかんに宣伝し、都会から田舎に流入する弁護士が増えた。しかし、田舎の人は地元の病院よりも都会の病院に入院し、地元高校よりも都会の高校に入学したがるのと同じく、金のある人は都会の弁護士に依頼したがる。金のない人は、都会でも田舎でも弁護士に依頼しない。田舎の弁護士に依頼する人は少額事件が多く、弁護士の方が受任を拒否する。都会と田舎の経済的格差が弁護士の収入に反映する。今では田舎でも弁護士の数が増え、田舎の法律事務所は経営が苦しい。

日本の裁判は、企業、資産家、裁判所、大学、研究者、マスメディアのためにあるというのが長年の経験から来る実感である。もし裁判がなければ、裁判官は仕事がなくなり、法科大学院に学生が集まらなくなり、研究者の研究対象がなくなる。裁判がなければそれに関するニュースがなくなり、テレビドラマの裁判ものを作れない。弁護士も裁判があるおかげで食っていける。アメリカでは、裁判の数の多さが開業弁護士の生活を支えており、裁判は弁護士のためにあるのではないかとさえ思える。

たまたま裁判員に選ばれる場合を除き、一般の市民が裁判所を利用するのは一生の間に1回あるかないかであり、ほとんどの市民は裁判所の場所さえ知らない。一般の市民にとって裁判所は利用することのない「飾り」である。それがあることで日本は先進国の仲間入りができる。

企業、自治体、裁判所、資産家は、弁護士は必要だが裁判は少ない方がよいと考えている。

庶民は、「金のかかる弁護士」を必要としていない。冤罪事件、医療事故訴訟、行政訴訟、公害訴訟、製造物責任訴訟、日照権訴訟、学校事故、自然災害に関する国家賠償訴訟などの被害者にとって裁判や弁護士は必要だが、そういう人は社会的少数者にとどまる。これらの事件は弁護士のボランティア的な仕事であることが多く、弁護士の収入につながりにくい。そのような事件を除く大部分の裁判は時間と金がかかるために社会的強者に有利であり、真相解明にほど遠い。

宮沢賢治の「雨ニモマケズ」という詩に、「北ニケンクヮヤソショウガアレバツマラナイカラヤメロトイヒ」という一節がある。１９３１年作のこの作品の、妙に現実的な内容に私は感心した。私は時々、この詩の一節を他の弁護士に紹介して感想を聞くのだが、ほとんどの弁護士は「無反応」である。もし、私が個人的に紛争に巻き込まれれば、「裁判はつまらないからやめろ」と自分に言い聞かせるだろう。友人には、「弁護士に依頼して裁判をすることはつまらないからやめろ」と言い、話し合いで紛争を解決することを勧める……そんなことを考えながら、30年以上もの間、弁護士をしてきた。

最近は弁護士の数が増えたが、「仕事がない」弁護士が増えただけで上記の状況は何も変わっていない。増加した多くの弁護士を社会が養うためには、それに見合った紛争が必要になり、「紛争の掘り起こし」が必要になる。弁護士や弁護士会は「紛争の掘り起こし」に熱心だが、それは、「弁護士に金をかけることの勧め」であり、国民が望んでいることではない。

## 本来は弁護士が必要な分野

現在、企業の経済活動がグローバル化しており、国際的な企業紛争が増えている。企業法務（企業が関わる法律問題）を扱う法律事務所は年々その規模を拡大し、東京には弁護士が何百人もいる巨大法律事務所がいくつもある。アメリカなどには弁護士が何千人もいる巨大法律事務所があり、日本の法律事務所は外国の法律事務所との間で激しい競争をしている。地方でも企業法務を扱う法律事務所は規模を拡大しており、今や企業法務は弁護士の「花形」である。これらの法律事務所では司法試験合格者のうち優秀な者を雇用する。外国との取引や事件（渉外事件）、企業買収などを扱う弁護士は、初任給が年に約1000万円で将来の数千万以上の年収が約束され、多くの学生が憧れるが、そのような弁護士は弁護士全体の中のほんの一部である。

その他の弁護士の大部分は、大手法律事務所が扱わない中小企業や一般の市民の事件を扱う。その中で金払いのよい顧客層を持つ弁護士は収入が多い。しかし、そのような事件は増えておらず、弁護士の数は増える一方なので、弁護士による激しい事件の取り合いがある。金払いのよい顧客層の事件にあずかれない弁護士は、仕事がないか仕事があっても収入が少ない。都会と田舎ではもともと富の格差があるため、田舎の弁護士はもともと収入が少なく経済的に苦しい。

他方で、弁護士の収入につながりにくい分野は扱う弁護士が少ない。少額紛争は、弁護士の数が増えても、弁護士費用がかかる限り弁護士への依頼が少ない。

零細企業、町内会、自治会、ＰＴＡ、子供会、地域のスポーツ団体、実行委員会などは、常に多くの紛争の可能性があり、弁護士によるリスクマネジメントが必要である。これらの組織で不明朗な会計、横領、差別、イジメなどが起きても、弁護士に依頼することは稀である。その理由は弁護士に依頼するだけの金がないという点と、「弁護士や法律に入ってもらっては困る」という考え方が根強いからである。死亡事故などの重大な事故が起きれば、弁護士に依頼がなされることが多いが、そのような重大な事故は滅多に起きない。しかし、ささいなトラブルは日常茶飯事である。

地域で花火大会や祭りなどのイベントを実施する場合に実行委員会が主体となって実施することが多いが、たいてい法律的に非常にずさんな運営をしている。もともと法的なリスクマネジメントが欠けているので、事故やトラブルが起きれば責任のなすり合いになり、激しい感情的対立が生じ、やがて「力の強い者が勝つ」ことで紛争に決着がつくことが多い。

事故や事件を防止するためのリスクマネジメントは弁護士の重要な仕事である。しかし、多くの弁護士は相談者に、「事故や事件が起きたら来てください」と言う。弁護士にとって、事故や事件の防止ではほとんど収入につながらない。実行委員会、小さな団体や組織、零細企業の側は、リスクマネジメントのために弁護士に費用を払えるだけの金銭的な余裕がない。

時々、スポーツの全国組織のパワハラや内紛がマスメディアを賑わすが、地域の零細スポーツ団体ではこの種の問題は日常的に起きている。スポーツの全国組織には顧問弁護士がいるが、地域の零細スポーツ団体には金がないので顧問弁護士はいない。

日本の学校は法律的にあいまいなことが多く、学校で法律問題が生じても法律的に処理することを嫌う風潮がある。教師自身が法律と無縁の「ボランティア的な労働」に追われている。

これらの分野も本来、弁護士の助言、指導が必要だが、弁護士の関与を嫌う傾向がある。

ボランティア団体の継続的な活動についても、弁護士による法的なリスクマネジメントが必要だが、日本ではそれがほとんどなされていない。私はいくつかのボランティア団体の顧問のような仕事をしているが、すべて無償である。時々、その関係で遠方での会議に出席するが、交通費などは自己負担である。無償の講演もしている。

ボランティア的な仕事の中で、日本の各地のまったく面識のない人から、時々、メールでの相談が届くことがある。それらの相談への回答はすべて無償である。事件や事故の遺族へのアドバイスは気が重いが、忘れた頃に、「おかげで無事に話し合いで解決しました」というお礼の手紙と菓子箱が届くことがある。裁判は互いに相手を傷つけ合いながら闘う場であり、裁判で勝っても負けても後味の悪さが残るが、紛争が深刻化する前に話し合いで解決できれば心から「よかった」と思える。「弁護士になってよかった」と感じるのは、こういう時である。

零細企業のほとんどに顧問弁護士がいない。私はいくつもの零細企業の顧問のようなことをしているが、もちろん顧問料は0円である。零細企業は司法支援制度の対象外であり（企業は司法支援制度の対象ではない）、法的紛争があっても弁護士費用を払えないので滅多に弁護士に依頼をしない。

きわめて軽微な少額事件は司法支援制度の対象外であり、これらの事件を扱う弁護士が少なく、現状ではこれらの事件は司法の蚊帳の外である。飼い犬が通行人に噛みつき軽傷を負った事故、家の塀が倒れて生じる物損事故、少額の商品のトラブル、近隣紛争、少額の貸金、給料・残業手当の未払い、飲み屋の未収金、団体会費の未払い、知人から預かった物の破損、自動車の軽微な物損事故などの少額紛争は無数にあるが、物分かりのよい人は簡単に請求を諦める。

成年後見事件については、現在、その大半を親族が無償で引き受けているが、弁護士が扱った方がよいケースが多い。しかし、財産が少ないケースでは成年後見人の報酬がほとんど払えないので、引き受ける弁護士がいないことが多い。

冤罪事件、刑事の再審事件、公害事件、労働事件、国家賠償請求事件では収入がないばかりか、経費が弁護士の自己負担になることが多い。これらの事件は勝訴率が低いが、裁判をすることで制度や法改正がなされることあり、社会を変える大きな力になる。

前述したように、自由競争に基づく裁判は、事件や事故の真相解明にほど遠く、弱肉強食が支配しているが、それでも真相の一部が解明され、被害者の救済につながる場合がある。日本の裁判は絶望的だが、それでも司法としての意味がないわけではない。事件や事故の紛争防止に弁護士が関われば（弁護士にもよるが）、深刻な事態を回避できることが多い。リスクマネジメント業務は弁護士の収入につながりにくいので弁護士の関心が低い。しかし、事故を防止し、悲惨な結末を回避することが必要である。ほとんどの市民は法律と無縁に生きているが、事件や事故、紛争が起きると法律によって処理される。法律にあまりにも無知な市民が裁判で不利益を受けても、裁判所はそれを自己責任だとみなす。そのようなことを防ぐために市民に日常的にアドバイスする弁護士が必要である。

最近、事件や事故が起きる度に検証委員会が設置され、弁護士が委員になることが多い。事件や事故が起きる度に検証委員会を設置すれば切りがなく、弁護士がいくらでも必要になる。通常、検証委員としての弁護士に支払われる日当は低額であり、弁護士の仕事としてはボランティア的である。

国際的な分野では、収入につながらなくても、人権活動をする弁護士がいくらでも必要である。法律的な研究活動は大学の研究者を中心に行われているが、弁護士実務をふまえた研究は弁護士でなければできない。世の中には、誰も手をつけていない未開拓の法律分野がたくさんある。そのような分野は弁護士の収入につながりにくいが、研究活動をする弁護士はいくらでも必要である。私はこれまでに本を何冊か書いたが、専門的な本の印税収入は知れている。本や論文を書くことは、その労力に較べればボランティア的な仕事に近い。

## 弁護士の「収入の呪縛」

弁護士を利用しやすい制度がなければ、弁護士の需要が増えず、弁護士の収入につながらない。それがない日本の現状のもとで、弁護士はどのようにすればよいだろうか。

弁護士の5割が年間所得が400万円以下だという指摘がなされている（『弁護士の格差』秋山謙一郎、朝日新聞出版、2018）。男性サラリーマンの平均年収が約500万円なので年収400万円はそれよりも少ない。しかし、年収400万円でも配偶者の収入があればそれなりの生活が可能である。年収数千万円の弁護士から年収300万円あまりの弁護士に転身した『路上の弁護士』（ジョン・グリシャム）の物語は出来過ぎたフィクションだが、配偶者の収入があれば現実的になる。日本では、男性の弁護士の配偶者のほとんどが専業主婦であり、弁護士である夫の収入を当てにしている。しかし、私がこれまで収入を気にせずに自由に仕事をすることができたのは、公務員である妻の収入があったからである。ただし、日本には、保育園不足、子供が熱を出しても親が休みをとれないこと、長時間労働などの夫婦の両方が働くことを妨げる社会的な環境がある。

『路上の弁護士』の主人公の弁護士はすぐれた仕事をするが、夜になる前に帰宅する。それは治安の悪い地域に法律事務所があるからだ。日本の弁護士は長時間労働が当たり前であり、「仕事をがんばる」かどうかは、仕事の内容よりも労働時間で評価されやすい。長時間労働をすれば「がんばっている」心境になりやすいが、本来、仕事の内容が優れたものかどうかが重要である。

収入のために働く時間が短ければ、それ以外の時間をボランティア的な仕事や研究活動などに当てることができる。そのような自由な時間に、ライフワークとして社会的に重要な事件をボランティアで扱うこともできる。収入につながりにくい事件は時給の単価が安いために量をこなさなければ収入を確保できない。収入につながりにくい事件を多く抱えた弁護士が収入を増やそうとすると、際限のない長時間労働になりやすい。弁護士が聖職意識や犠牲的な使命感を持つと過労死予備軍になる。私もそれに陥り、病気で命を失いかけたことがある。他方、収入さえ度外視すれば、弁護士は「長時間労働をしない自由」がある。役所や企業に雇用される弁護士は収入面は安定するが、自分のやりたいことができない。

収入を得るための仕事は義務的だが、自発的なボランティア活動としての仕事はそうではない（ボランティア活動は義務ではない）。本当に優れた仕事は収入を度外視したボランティア的活動になる。この点は、医師、建築家、研究者、芸術家などの職業、特に自営業者に当てはまる。

世の中には収入につながりにくい弁護士の仕事が大量にあり、しばしば弁護士がボランティア的に引き受ける。訴額の小さい司法支援事業の対象事件や少額事件、財産の少ない成年後見事件、零細企業の事件などがその例である。これらは義務的に引き受けるのであって、「自発性」や「自由」は稀薄である。自分の内面的価値の実現、すなわち自己実現は自発的な行動に支えられる。義務的な活動と自己実現の対象としての活動は本来まったく別のものだが、しばしば両者が混同される。「収入につながりにくい弁護士の仕事」を無理に自己実現の対象にしようとすると、過労死や精神疾患などにつながりやすい。しかし、それらを自分の内面的価値の実現として自発的に行う場合には喜びになる。

弁護士が冤罪事件や労働事件を義務感だけから引き受ければ、「金にならない仕事をやらされる」という不満が生じやすい。しかし、これらの事件を弁護士がライフワークとして自発的に引き受ければ、自己実現の対象になりうる。ＰＴＡ活動などの「義務的なボランティア活動」は自己実現につながらないが、災害現場での「自発的なボランティア活動」は自己実現につながる。

日本では、職業を比較する場合に収入の多寡を問題にすることが多いが、労働時間やストレスの量、仕事の自由度などを含めた「労働幸福度」が重要である。過労死ラインをはるかに超えて1日に15時間労働をする初任給１０００万円の弁護士や、未来の栄達が保障されるが残業代未払いで深夜０時以降も働くことが当たり前（これも過労死ラインを超えている）の財務官僚は、「幸福」と言えるだろうか。アメリカの巨大法律事務所の弁護士はタイムチャージ制のもとで、長時間労働をすることで収入を稼がなければならないというプレッシャーがある。多くの人が長時間労働に追われ、肉体だけでなく精神的にも奴隷状態になっている。弁護士も「収入の呪縛」にとらわれる限り、肉体的、精神的な奴隷状態になる。

しかし、弁護士が「収入の呪縛」から解放されるためには勇気がいる。顧客を失う不安から「4日以上は仕事を休めない」と言う知り合いの弁護士がいる。私のように、自分のやりたいことのために1か月も2か月も仕事を休む弁護士はほとんどいない。開業弁護士には常に、「今月、あるいは、数か月先までの事務所経費をどうやって払うか」というプレッシャーがある。弁護士が収入につながる仕事にしか関心が向かなくなるのは、弁護士の職業病である。

弁護士の業界では、収入の額がステイタスになりやすい。何も知らない市民は、「儲かっている弁護士」を優秀な弁護士だと考えやすい。そのため、高級そうな自動車に乗り、法律事務所の入口を豪華にしたがる弁護士が多い。裁判官について、ヒラの裁判官よりも地裁の所長や最高裁判事の方が「エライ」と考える市民が多く、裁判官のポストの違いは収入の差でもある。弁護士の場合は、裁判官のようなポストがないので、収入の差がステイタスの差になりやすい。弁護士が収入を無視するには勇気がいる。

かつては弁護士を志望する動機として、「人々の役に立つ仕事をして安定した収入を得られる」ことが大きかった。弁護士の数が増えた現在、「安定した収入を得る」ことは保証されないが、「人々の役に立つ仕事をする」ことは可能である。弁護士が「収入の呪縛」から解放されれば、「恐いものは何もない」という心境になり、自由で開放的な可能性に満ちた世界が広がる。

弁護士業だけで生活できなければ、弁護士業を副業化することになる。戦前も弁護士数が急増した時期に、生活できない弁護士が続出し、弁護士は「正業」とみなされなかった（『職業史としての弁護士および弁護士団体の歴史』大野正男、日本評論社、2013、124頁）。弁護士業が「正業」として無理であれば、「副業」にするほかない。団体などに勤務して給料をもらいながら弁護士をする人がいてもよい。国際機関で働く法曹も必要である。日本に較べて各段に弁護士が利用されているドイツでは、「パートタイム弁護士」がけっこういる。教師との兼業、著述業との兼業、不動産業、保険代理店、企業経営などとの兼業など創意工夫が必要である。弁護士は2003年に営利事業との兼業が解禁されたが、日本の社会は「兼業禁止」をする組織が多く、これが社会的生産性を低くしている。

弁護士の仕事は、法廷での活動を中心にした伝統的な開業弁護士のスタイルだけではない。弁護士の仕事の形態はさまざまであり、多様である。金があってもなくても、有名になっても無名でも、人生は1回しかないので、弁護士として本当に優れた業績を後世に残したいものだ。歴史に残る仕事をし、しかも、それから収入を得ることが理想だが、そのような仕事は少ない。そうであればすぐれた仕事はボランティア的にするほかない。本当に優れた仕事はたいてい収入に結びつきにくいものだ。そのような割り切りが自己実現の出発点になる。

最近、優秀な学生は法学部よりも医学部をめざす傾向がある。法学部の学生も弁護士よりも企業や役所を志望する傾向がある。大企業の社員や役所の幹部の収入は、平均的な弁護士よりもよく安定している。退職金や年金もある。医学部の人気が高いのは、その収入が関係している。弁護士は、今では収入の安定性という点では平均的なサラリーマン以下だが、収入さえ度外視すれば組織がもたらす不自由から解放される。そして、弁護士は、意欲さえあれば（これが大問題だが）、社会の発展に貢献する創造的な活動をすることが可能である。

どんな職業でも、その労働によって得られる経済的利益や従事する者の社会的地位は、社会と時代によって異なる。戦前の弁護士は社会的地位が低かった。弁護士という職業が「高収入を得られる高い地位」とみなされたのは、高度経済成長以降の社会的富の偏在と格差の産物だった。その社会的富の偏在と格差が、今後は、弁護士の一般的な地位を低下させ、社会的信用を低下させる。アメリカのように。

弁護士としての優れた業績を達成するには、ボランティア的な活動が必要である。アメリカでは、弁護士は常に収入を得るためのさまざまなプレッシャーに縛られて自由がないが、裁判官は自由であり、法律家の憧れの的とされる（『名もない顔もない司法』ダニエル・H・フット、NTT出版、2007、202頁）。日本では、裁判官は安定した収入があるが、閉鎖的な組織の中で自由がない（『絶望の裁判所』瀬木比呂志、講談社、2014）。開業弁護士は収入が不安定であるが、自由に仕事と生活環境を選択することが可能である。意欲さえあれば、そして「収入の呪縛」から解放されれば、弁護士は何にでも挑戦できる。新しい分野を開拓し、社会の発展に貢献するうえで、弁護士という職業は多くの可能性を与えてくれる。しかし、弁護士が収入を得ることに縛られれば、アメリカの弁護士のように不自由になるだろう。日本は訴訟件数が少ない分、その不自由さはアメリカの弁護士以上に深刻である。固定観念の枠を超えて意欲する者には世界が開かれ、意欲しない者には世界が閉ざされる。収入に関係なく社会に貢献したいという意欲のある者こそ、弁護士になるのがふさわしい。

幸い、最近、弁護士の人気が低下し、法科大学院の志願者数が大幅に減っているので、今後、弁護士になることがいっそう容易になるだろう。弁護士の数が増えれば、弁護士の問題行動が増え、弁護士の社会的地位、信用、収入が低下するが、意欲のある者が弁護士になりやすくなったことは間違いない。

# Ⅱ　失敗しない弁護士選び

# 第6章　頻発する弁護士トラブル

## 市民の立場から弁護過誤を考える

従来、弁護士が弁護過誤について語るのは、自分らが違法行為を犯さないためであって、自分らを守るためだった。弁護士は、弁護士を利用する市民のために弁護過誤について語ることはほとんどなかった。それを行っても弁護士に何も利益をもたらさないからである。弁護士は「利益にならないことはしない」というのが習性になりやすい。

しかし、ここでは、弁護士を利用する市民の立場で弁護過誤について書いている。なぜ、市民の立場から弁護過誤を考えるのか。

日本の弁護士は明治時代に誕生したが、長い間、弁護士は医者と違って一般の市民の生活のうえで重要な役割を果たしてこなかった。弁護士だけでなく、日本では一貫して司法が社会の中で果たす役割が低かった。そのため、市民の弁護士に対する関心が低かった。

戦前は、弁護士に依頼する人は、企業や事業者、地主、資産家がほとんどだった。戦後も長い間、弁護士に依頼する人は事業者と資産家がほとんどであり、収入の少ない一般の市民が弁護士に依頼することはほとんどなかった。長い間、一般の市民にとって弁護士は、自分が相談や依頼をする相手として関心の対象ではなく、テレビドラマや推理小説の登場人物としての関心の対象だった。弁護過誤についても、自分とは関係のない遠い世界のこととして考える市民が多かった。

しかしその後、銀行ローン、サラ金、クレジットなどが一般の市民に普及し、一般の市民が借金に関する紛争に巻き込まれることが増えた。借金や破産に関して弁護士に依頼する人が増えた。離婚や相続などについても、市民が弁護士を利用することが増えつつある。最近は、財産があってもなくても、遺言や相続に関心を持つ市民が多い。

２００４年に法科大学院が設立されて弁護士の数が大幅に増えたので、就業先として弁護士を考える人が増えたこと、２００６年に司法支援制度（法テラス）ができ、収入の少ない人の弁護士費用の分割払いが可能になったこと、２００９年に裁判員制度が開始され、それまで司法と縁のなかった一般の市民が「自分が裁判員に選任されるかもしれない」と考えて、裁判に対する関心が高まったことなども、弁護士を身近なものとして感じる機会をもたらした。

現在でも日本の弁護士の利用は先進国の中で最低レベルにあり、相変わらず弁護士はそれほど利用されていないのだが、一般の市民の意識のうえで、以前に較べて「自分が弁護士を利用するかもしれない」というイメージが高まっている。

そのような市民にとって弁護過誤は重要な問題だが、現実には、一般の市民が弁護士に依頼することは一生の間に一度あるかないかという程度であり、少ない。そのため弁護士の仕事の仕方や弁護過誤の実態を知らない市民が多い。

弁護士の仕事を理解しなければ、弁護過誤の有無を理解できない。裁判に負けると、弁護士に依頼した人が弁護士に不信感を持ち、「弁護過誤ではないか」と考えやすい。しかし、そのようなケースのほとんどは弁護過誤ではない。裁判に負けるのは、証拠が不十分であるか、法律の規定が最初からその人に不利にできている場合が多い。裁判官の「当たり外れ」もある。弁護士の弁護活動の巧拙があっても、それが判決の結論を左右するとは限らない。

弁護過誤や弁護士の問題行動は、裁判の勝敗とは別の場面にあることが多い。つまり、「弁護過誤のために裁判で負けた」というケースは少なく、裁判で勝っても負けても、弁護過誤のため依頼者が損害を受けることがある。裁判に勝った弁護士が法外な報酬を請求するケースや、負けるとわかっている裁判を高額な弁護士費用をもらって引き受けるケース、弁護士の裁判での和解や交渉内容に問題があるケースなどがその例である。

本書は弁護過誤の実態について書いている。私は長年にわたり他の弁護士のミスや失敗を見聞きしてきた。裁判の相手方の弁護士のミス、共同で受任した弁護士のミス、他の弁護士から

る

浦部法穂 著　1800円+税

A5判並製 978-4-7634-1048-1

例などを追加して改訂。

浦部法穂 著　1500円+税

978-4-7634-1036-8

1091-7

智氏、横峯さくら氏、工藤公康氏、小川直也氏、落合博満氏…みんなこれで強くなった!

一流アスリートが実践する食生活と生活習慣の“究極のメソッド”

ベビー

コンビニスイーツ　　　　　　たちの「脳」や「心」を蝕む!

驚くほど身近な「危ない油」トランス脂肪酸のすべてがわかる本

## 治りたければ、3時間湯ぶねにつかりなさい!

小川秀夫 著　1500円+税

四六判並製 978-4-7634-1077-1

奇跡の温泉免疫療法

●医者に見放された患者10万人を笑顔にした湯治の力。医者がさじをなげた難病に、なぜ奇跡が起きるのか!?

# 教育

## いじめの正体

**現場から提起する真のいじめ対策**

和田慎市 著

1500円+税　四六判並製

ISBN978-4-7634-1081-8

**「いじめは絶対になくならない」――ここから出発する以外に、いじめ克服の道はない。**教師として、被害者家族として問う、本気でいじめを克服するための“真のいじめ対策”。

## ほんとうの教育をとりもどす

**生きる力をはぐくむ授業への挑戦**

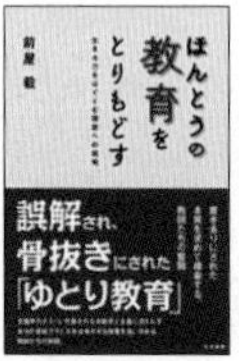


前屋 毅 著

1500円+税　四六判並製

ISBN978-4-7634-1072-6

**誤解され、骨抜きにされた「ゆとり教育」。置き去りにされた本質を求めて模索する、教師たちの奮闘。**本当の意味で子どもを成長させる授業を追い求める、教師の実践現場に迫る。

# ノンフィクション

## 生保レディのリアル

時田優子 著　1500円+税

四六判並製 978-4-7634-1092-4

**私の「生命保険募集人」体験記**

●謎に包まれた職業、生保レディになってみた！　メディア業界から転身、異色の生保レディが見た「ホケンの世界」。

## 新版「浪士」石油を掘る

真島節朗 著　1700円+税

四六判並製 978-4-7634-1086-3

**石坂周造をめぐる異色の維新史**

●日本の石油産業の祖。おおほら吹きか、一代の怪傑か。日本の産業化の原点を担ったある男の物語。

## 狩猟日誌

今井雄一郎 著　1500円+税

四六判並製 978-4-7634-1078-8

**元射撃選手がはじめて鹿を仕留めるまで**

●狩猟の世界で遭遇する新たな体験に魅せられた元クレー射撃選手の中年ハンター、3年間の記録。

## 拳銃伝説

大橋義輝 著　1500円+税

四六判並製 978-4-7634-1068-9

**昭和史を撃ち抜いた一丁のモーゼルを追って**

●首相・濱口雄幸を狙撃したモーゼルは、川島芳子の所有物だった。一丁の拳銃がたぐりよせる歴史の糸。

# 船瀬俊介

## 世界に広がる「波動医学」

**近未来医療の最前線**

船瀬俊介 著
2000円+税　四六判上製
ISBN978-4-7634-1088-7

**生命の福音「波動医学」はここまで来た!**

「すべては“波動”であり、その“影響”である」――生命の根本原理から病気を治す。待望の第二弾!

## 未来を救う「波動医学」

**瞬時に診断・治療し、痛みも副作用もない**

船瀬俊介 著
2000円+税　四六判上製
ISBN978-4-7634-1076-4

**「波動医学」とは何か?**

「生命」は波動エネルギーだった！
“命の波”を正すと、ガンも消える…。
近未来医学の二本柱は…「断食」「波動」

## フライドチキンの呪い

**チキン・から揚げで10年早死に**

船瀬俊介 著
1500円+税　四六判並製
ISBN978-4-7634-1090-0

**「鶏肉はヘルシー」は幻想だった!**
**揚げ物大好き家族におそいかかる“呪い”**

“食の常識”はウソだらけ! あなたの人生を変える「自然な食事」とは――

## 肉好きは8倍心臓マヒで死ぬ

**これが決定的証拠です**

船瀬俊介 著
1500円+税　四六判並製
ISBN978-4-7634-1085-6

**「肉食」vs「菜食」、最終決着 科学的エビデンス 82 連発!** 「肉製品は最強の発ガン物質」（WHO 世界保健機関、勧告）肉好きのあなた、“お肉 DAY”は週1くらいにしませんか?

---

## あぶない抗ガン剤

船瀬俊介 著　2000円+
四六判上製 978-4-7634-1083-

**やはり、抗ガン剤で殺される**

●先進国で、なぜ日本だけ「ガン死」が急増しているのか？ 知ってください。あなたと、愛するひとのために。

## 医療大崩壊

船瀬俊介 著　1500円+
四六判並製 978-4-7634-1071-

**もう、クスリはのめない　医者にはいけない**

●病院とクスリから「身を守る」ために。メディアも続々と医療批判……やっと気づき始めた!

## 買うな!使うな! 身近に潜むアブナイもの PART②

船瀬俊介 著　1500円+
四六判並製 978-4-7634-1070

●大好評第2弾 !! 知らないことは、罪です。ペットボトル茶は飲むな！「抗うつ剤」が自殺を増やす！

## 買うな!使うな! 身近に潜むアブナイもの PART①

船瀬俊介 著　1500円+
四六判並製 978-4-7634-1067

●テレビは言わない!! 新聞は書けない!! 身のまわりは猛毒だらけ。まさかこんなモノが!?

## 維新の悪人たち

船瀬俊介 著　2000円+
四六判上製 978-4-7634-1079

**「明治維新」は「フリーメイソン革命」だ!**

●国際秘密結社フリーメイソンが仕組んだ「明治維新」　日本近代史の2大スキャンダルの闇に迫る!

## 心にのこる、書きかた、伝えかた

船瀬俊介 著　1500円+
四六判並製 978-4-7634-108

**「4日で1冊本を書く」船瀬俊介の文章術・編集術**

●心に伝わる文章は、こうして書け！　はじめて明かす、愛を込めた「文章」「編集」の極意。

料金受取人払郵便

神田局承認

1108

差出有効期間
2022年９月30
日まで

郵便はがき

101－8791

507

東京都千代田区西神田
2-5-11出版輸送ビル2F

共栄書房 行

お名前《ふりがな》

お電話

ご住所（〒 ）
（送り先）

◎新しい読者をご紹介ください。

お名前

お電話

ご住所（〒 ）

# 愛読者カード

このたびは小社の本をお買い上げ頂き、ありがとうございます。今後の企画の参考とさせて頂きますのでお手数ですが、ご記入の上お送り下さい。

## 書名

本書についてのご感想をお聞かせ下さい。また、今後の出版物についてのご意見などを、お寄せ下さい。

## ◎購読注文書◎

ご注文日　　年　　月　　日

| 書　名 | 冊　数 |
|---|---|
| | |
| | |
| | |
| | |
| | |

代金は本の発送の際、振替用紙を同封いたしますのでそちらにてお支払い下さい。
なおご注文は FAX 03-3239-8272
また、共栄書房オンラインショップ https://kyoeishobo.thebase.in/
でも受け付けております。（送料無料）

聞いた弁護士のミスのほかに、私自身がミスをしたこともある。そのため、本書はペンネームで書いている。もし、実名でこのような本を書けば、私は弁護士ムラに住めなくなる。弁護士の業界はそんな狭いムラ社会なのだ。

弁護士の依頼者のほとんどは、弁護過誤があってもそれに気づかない。法律という専門性が邪魔をして、弁護士のミスがわかりにくい。弁護士から見れば他の弁護士の冒すミスがわかるが、多くの弁護士はそれを指摘したがらない。弁護士の業界は閉鎖的なムラ社会であり、他の弁護士の冒すミスを問題にしても自分の収入につながらないからである。地方の弁護士会では、弁護士同士の面識があることが多い。別の弁護士が冒したミスに関して、損害賠償請求を引き受ける弁護士は日本では少ない。

多くの弁護士はこの本の内容を不愉快に感じるだろう。多くの弁護士は、弁護過誤はごく一部の例外的な弁護士の問題だと考えている。弁護過誤を冒す弁護士を「切り捨てる」ことで、弁護士の業界の安泰を維持しようとする傾向は、他の業界と同じである。しかし、人間は誰でもミスを冒し、弁護士も例外ではない。弁護過誤は弁護士の業界の金権体質や利益獲得競争がもたらしており、今後、弁護過誤は確実に増える。

また、弁護士は倫理的な問題行動も冒しやすい。これは、弁護士もその渦中にある競争社会がもたらす悪弊である。

## 弁護過誤とは何か

一般市民が持つ弁護過誤のイメージとして、弁護士の横領、弁護士のミスで裁判に負けること、弁護士が弁護士会から懲戒処分を受けるケース、悪徳弁護士などを思い浮かべやすい。「過誤」という言葉は、本来、ミスや過失を意味するが、ここでは、弁護士の詐欺、横領などの故意行為（意図的な行為）も弁護過誤に含める。

弁護士が懲戒処分を受けるケースは、１９８０年代は日本全体で月に平均1件程度だったが、最近は毎月20人近い弁護士が懲戒処分を受けている。これは激増したと言ってよい。

法律家は、弁護士が損害賠償責任や刑事責任を負う場合を弁護過誤と考え、弁護士の責任を認めた判例（裁判例）を重視する。多くの弁護士は、弁護士が法的責任を負わず、懲戒処分を受けないように注意する。逆に言えば、弁護士は法的責任や懲戒処分さえ受けなければ、安心して「金儲け」ができる。それが弁護士の違法すれすれの行為や倫理的な問題行動をもたらしやすい。

しかし、弁護士を利用する市民の立場では、弁護士に対し損害賠償請求の裁判を簡単には起こせないし、市民が損害を受けた時には既に手遅れである。市民にとって弁護士のミスや問題行動によって損害を受けることをいかにして防ぐかが重要である。その観点から、本書では、実際に裁判になって弁護士の故意、過失が認定される場合だけでなく、弁護士の問題行動によって市民が損害を受ける場合を広くとりあげている。

裁判で弁護士の損害賠償責任が認められるケースは、弁護士がミスを冒した場合のほんの一部である。弁護過誤があってもそれに気づかない市民が多い。弁護士のミスに気づくには、法律の専門的知識や訴訟手続の知識が必要だからである。かりに弁護士のミスに気づいても、裁判を起こさない人が多い。フツーの市民にとって、弁護士に対して損害賠償請求の裁判を起こすことは、経済的、時間的、心理的な負担があまりにも大きい。一般の市民にとって、弁護過誤は、それを事前に防ぐことに意味がある。

一般に、弁護士の横領事件などを除き、裁判で弁護士の過失を証明することは難しい。弁護士のミスが直ちに損害賠償責任を発生させるわけではなく、弁護士の一般的な水準を逸脱する行為が違法とされ、損害賠償責任が生じる。しかし、それは証拠の有無に左右される。依頼者側が、「弁護士の一般的な水準」を逸脱していることを示す証拠を裁判所に提出しなければ、裁判所は弁護士の責任を認めない。

法律の専門的な知識や弁護士の仕事の実態を知らない一般の市民が、この点を立証することは難しい。責任を追及された弁護士は平気で証拠を隠す。そのために裁判で弁護士が損害賠償責任を負うケースは限られる。

「責任」は社会秩序を回復するための儀式として課されると述べる社会学者がいるが（『責任

という虚構』小坂井敏晶、東京大学出版会、2008、193頁)、その点は法的責任にも当てはまる。裁判所にとって弁護士がやたらと「責任」を負う状況は、裁判に対する信頼を損ない、社会秩序を混乱させる。そのため、裁判所は弁護士の責任を認めることに消極的である。

市民にとって、裁判で弁護士の法的責任が認められるかどうかに関係なく、弁護士のミスによって損害を受けないための知恵が重要である。

弁護過誤は、弁護士の過失や故意によって市民が損害を受ける場合をさすが、本書では、裁判で弁護士が法的責任を負うかどうかに関係なく、弁護士の仕事上のミス、弁護士が損害賠償責任や刑事責任を負う場合、弁護士会から懲戒処分を受ける場合、弁護士の問題行動によって市民が損害を受ける場合を広くとり上げる。市民が弁護士から損害を受けることを防ぐために、それが必要だからである。ここでいう損害は精神的苦痛を含む。

弁護過誤の内容は多様だが、これを防止する観点から考えれば、弁護過誤は、①単純ミス、②判断ミス、③倫理過誤(倫理上の問題行動)に分類できる。倫理過誤は、横領、詐欺、過大な報酬請求、無断和解、暴言、威迫、パワハラ、懲戒処分を受ける行為などである。

本書では、司法書士も弁護士に含めて考えている。司法書士の多くは法律業務を行っており、簡易裁判所で裁判の代理をする司法書士がいるからである。日本の司法書士の英語表記は、Shiho-shoshi lawyer であり、司法書士は lawyer(法律家、弁護士)を名乗っている。アメリカでは、日本の司法書士が行う仕事を弁護士が行っている。国際的に見れば、日本の司法書士は法律家であり、「弁護士」である。「街の法律家」を自認する司法書士も、弁護士と同じく多くの弁護過誤を冒している。

なお、本書でいう「依頼者」とは事件に関して弁護士に依頼した人をさし、「本人」とは弁護士に依頼した人や裁判所に申立をした人をさす。「当事者」は紛争に関わる人をさす。裁判の「当事者」は原告と被告であり、交通事故の「当事者」は加害者と被害者である。原告は裁判を起こした人、被告はその相手方をさす。

「事件」には、民事事件、刑事事件、家事事件、行政事件などがある。「家事」という言葉を知らない人が多いが、家事事件は家庭内や親族間の紛争をさす。行政事件は役所に関して生じる紛争のうち、民事事件を除くものをさす。

「債務者」は、借入金の支払義務などの義務を負う人をさし、「債権者」は請求権を持つ人をさす。債務者が債権者に対し義務を負う。

弁護士への「相談」と「依頼」を混同して、弁護士に相談をしただけの人が、「弁護士に頼んでいる」と勘違いする人がいるが、「相談」は、弁護士との間の継続的な委任関係がなく、相談が終了すれば弁護士との関係が終了する。「依頼」は弁護士に事件処理の費用（着手金）を支払って事件処理を委任する関係が生じる場合をさす。

## 弁護過誤には2種類ある

弁護過誤には悪質なものとそうではないものがあり、両者を区別する必要がある。前記の①単純ミスと②判断ミスは悪質ではないが、③倫理過誤（倫理上の問題行動）は悪質である。世論の非難の対象となるのは倫理過誤であり、横領、詐欺、過大な報酬請求、無断和解、暴言、威迫、パワハラ、重い懲戒処分を受ける行為などがその例である。

弁護士の単純ミス、すなわち、うっかりミスは、誰でも冒す可能性がある。それによって損害が生じれば弁護過誤であるが、悪質性はない。ミスを冒してはならないが、現実の人間は頻繁にミスを冒す。忘れ物や書き間違い、言い間違い、人や物の名前の勘違い、記憶間違いなどのミスは、1日のうちに何度もある。弁護士が書く書類に誤字、脱字、書き間違いはしょっちゅうある。それらはミスとして意識されないことが多いが、契約書や合意書の記載ミスは重大な損害をもたらすことがある。ミスを冒しても損害が生じなければ、ミスとして意識されないことが多い。損害をもたらす弁護士のミスが弁護過誤と呼ばれる。

人間はもともと「ミスを冒す存在」であり、その点は素人も専門家も同じである。弁護士は法律の専門家であり、法律に関する知識、経験、判断力があるが、専門家はうっかりミスを冒さないということではない。期限をうっかりと失念することは誰にでもあるが、弁護士も消滅時効期間や不服中立の期限をうっかりと失念することがある。そのような弁護過誤は実に多い。

原子力発電の専門家たちの多くが福島原発事故を予測できなかった。大学のエライ先生たちがそろって福島原発の水素爆発を予測できなかった。原子力の専門知識があることと原発事故の予測は別のことである。

裁判官は法律の適用を間違えることは滅多にないが、事実誤認の間違った判決を出すことはしばしばある。1審と2審で事実認定の異なる判決は多いが、そのどちらかが事実の判断を間違っているのである。

以上のような単純ミスや判断ミスとは別に、弁護士の横領、詐欺、過大な報酬請求、無断和解、暴言、威迫、パワハラ、懲戒処分を受ける行為などは、悪質な弁護過誤（倫理過誤）である。倫理過誤は弁護士特有の問題であり、これは弁護士の資質や人格、業界の体質、社会の仕組みなどが関係している。これは、なくすることが可能である。本書が中心に扱うのはこのタイプの弁護過誤（倫理過誤）である。

弁護士を利用する市民の立場では、倫理過誤を冒す弁護士を避けるためのリスクマンジメントが重要である。

## 弁護士の詐欺、横領

弁護士による横領、詐欺、文書偽造などが繰り返し起きている。弁護士の横領行為としては、弁護士が依頼者から預かった金銭の一部を着服するケース、弁護士が裁判の相手方から受け取った損害賠償金などの金銭の一部を着服するケース、成年後見人に就任した弁護士が、本人（被後見人）の預金や現金の一部を着服するケースなどがある。

弁護士の詐欺は、弁護士が依頼者や事件の相手方を騙して不当な利益を得る場合である。弁護士の文書偽造は、弁護士が不都合なことをごまかすために、契約書、示談書、領収書、請求書、判決文、調停調書などを偽造するケースが多い。弁護士が事件処理を怠ったことをごまかすために裁判所の書類を偽造するケースもある。契約書、通知文、領収証などの日付の改ざんは発覚しにくい。

私の知っている弁護士で、横領、詐欺、文書偽造などを行い、弁護士会から除名された人が何人もいる。ある弁護士は、東京の銀座に法律事務所を開設し、一時は羽振りがよかったが、依頼者の金を横領して、行方不明になった。その弁護士は、ギャンブル、投資、遊興費で金を浪費したわけではなく、法律事務所の維持費や生活費のために横領したようだ。彼は、裁判で執行猶予付の有罪判決を受けて弁護士資格を失った。その後は、専門学校の講師をしているようだ。

また、別の弁護士は、一時は、軽飛行機やヨットを所有し羽振りがよかったが、依頼者から預かった数千万円の金を着服して、刑事裁判で実刑（刑務所に入ること）になった。この弁護士は、多数の弁護士を雇用する法律事務所を経営しており、事務所の維持費を支払うために依頼者の預かり金を使用したようだ。

50代のある弁護士は、裁判所の決定書を偽造して依頼者に交付し、行方をくらました。この弁護士は弁護士会から除名されたが、現在でも行方不明である。

２０１５年12月10日付の読売新聞によれば、過去3年間に、弁護士が業務上横領罪や詐欺罪で起訴された件数が１０３件あったそうだ。これは、弁護士の横領や詐欺が発覚し、かつ、それが起訴されたケースである。発覚しない事件、被害者との間で示談が成立して起訴されない事件がかなりあるので、これは氷山の一角である。その後も弁護士の横領が増え続けている。

弁護士が預り金を一時的に事務所経費に流用することは横領罪の既遂になるが、事務所経費の資金繰りに困れば、多くの弁護士がそのようにするだろう。しかし、翌月の収入で預かり金の一時的な流用を補填すれば、横領が発覚することはない。いわゆ自転車操業は横領行為の繰り返しになることが多い。それを繰り返している間に流用金の金額が増えてその補填ができなくなれば、横領が発覚する。

一時的に預かり金の流用をしても、ほとんどの場合、その補填ができると思われる。しかし、預かり金の流用をした時点で横領罪が成立する。2020年に大手法律事務所の東京ミネルヴァ法律事務所が裁判所の破産決定を受けたが、約30億円の預り金を流用したと言われている。流用額が巨額すぎたために破綻した。多くの弁護士が預かり金の流用をしているはずだが、よほど運の悪い場合にそれが発覚すると言ってもよい。

弁護士の数が増えても弁護士の仕事が増えていないために、法律事務所の経営に行き詰まる弁護士が増えている。それが弁護士の横領行為の増加の背景にある。欧米では弁護士の数が多いが、弁護士の仕事も多い。たとえばノルウェーでは、一人親方の大工は、個人の家のリフォームをする際に必ず弁護士と相談しながら詳しい契約書を作る。弁護士の相談料や契約書作成費用は安くないが、事業者と市民のほとんどが弁護士保険に加入しており、保険で弁護士費用がまかなわれる。一人親方の大工でも、過去に何件も裁判をした経験がある（『あるノルウェーの大工の日記』前出）。

しかし、日本では、零細個人事業者は仕事を引き受ける度に、毎回弁護士に相談をすることはしない。中小企業でも取引や契約書作成の際に必ず弁護士に相談する習慣はない。裁判になって初めて弁護士に相談する零細事業者が多く、一生の間に一度も裁判をすることのない事業者が多い。欧米では法律に基づいて社会が動くので、社会生活に弁護士が関与する場面が多い。しかし、日本の社会は法律はタテマエであって法律で動いていないので、弁護士が必要とされる場面が少ない。

弁護士は金銭を預かる機会が多く、他の職種よりも横領が簡単にできる環境にある。弁護士は、民事裁判での和解金、損害賠償金、過払金、相続財産、成年後見人の預かり金、刑事事件の保釈保証金、仮処分の保証金などの多くの預かり金を扱う。

弁護士になって間がない弁護士が数千万円単位の預かり金を扱うことは少ないが、経験の長い弁護士は数千万円単位の預かり金を扱うことが多い。そのため、何千万円もの金を横領するのは、経験の長い弁護士が多い。

弁護士は毎月、事務所の家賃や事務員の給料などの経費の支払いに追われる。一方で弁護士の収入は月によって大きく変動し、多額の売上げのある月もあれば、売上げがほとんどない月もある。弁護士は、売上げの少ない月が何か月も続くと、預かり金に手をつけてしまいかねない。「今月は売上げが少ないが、来月は金が入るので、一時的に預かり金を使っても問題はないだろう」などと考えやすい。

弁護士は、事務所の資金繰りや借金返済に行き詰まっても破産申立をしない。破産すれば弁護士資格を失うので、「死んでも破産しない」と考える傾向がある。多くの弁護士は、破産すれば「人生が終わる」と考え、破産するよりも預り金を流用する方を選ぶのだ。預かり金の流用が発覚すれば、弁護士としての「人生が終わる」可能性があるが、発覚しない可能性もあるので、それに自分の人生を賭けるのである。弁護士資格に自分の人生を賭ける考え方が、預かり金の流用の背景にある。医師の場合は破産しても医師の資格を失わないので、病院経営に失敗した医師の破産が少なくないが、弁護士はそうではない。また、医師は患者から大金を預かることがないので、横領事件が少ない。

弁護士の預かり金の使い込みが多いので、日弁連（日本弁護士連合会）は、弁護士個人の口座と預かり金口座を明確に分けるように規則を作り、これに違反すれば懲戒処分の対象になる。しかし、弁護士の売上げと預かり金を別口座で保管するとしても、弁護士名義の口座であることは変わらないので、弁護士は簡単に預かり金の使い込みができる。

日弁連は弁護士の横領を減らすために、規則の整備、倫理研修などを強化しているが、いっこうに効果がない。弁護士の横領の増加の背景に、弁護士の競争の激化により弁護士の格差が広がり、儲かる弁護士と経済的に困窮する弁護士に二極化したことがある。弁護士が横領事件を起こす社会環境に変更がなく、今後、弁護士の格差がいっそう拡大するので、弁護士の横領はさらに増えるだろう。

## 悪徳弁護士

悪徳弁護士は、詐欺、横領などの違法行為を繰り返して不法な利益を貪る弁護士のイメージがあるが、もっと地味で目立たない悪徳弁護士の方が多い。

私が弁護士になって数年した頃、ある相談者が「別の弁護士に破産申立を依頼して何年も経つが、破産手続がどうなっているのかわからない」と言って相談に来た。弁護士費用は前払いでその弁護士に30万円払ったそうだ。

私がその場でその弁護士（ここではA弁護士としておく）に電話をしたところ、A弁護士はあっけらかんと、「いやあ、手続きを忘れていました」と言う。私がA弁護士に「債権者への受任通知は出したのですか」と尋ねると、「私の怠慢というか何というか、実はまだ受任通知を出していません。申し訳ない。すぐに受任通知を出します」との返答だった。通常、弁護士は破産事件を受任すると、直ちに債権者に対し受任をした旨の通知（受任通知）を出す。

私は、その相談者から事件の依頼を受けたわけではなく、サービスでA弁護士への連絡を取り次いだだけなので、上記のことを相談者に伝えて相談が終了した。依頼した人が弁護士会に懲戒申立をすればA弁護士は懲戒処分を受けたはずだが、その相談者は懲戒申立をしなかったようだ。

その後もA弁護士の悪い評判は何度も聞いた。それから約10年後、A弁護士が十数名の住民の代理人になって、水利権に関する調停申立を行った。当時、私は裁判所の調停委員をしており、私は調停委員としてA弁護士の調停事件を担当した。調停は裁判所の中での話し合いの手続きである。

日本では水利権は権利として確立されていないので、話し合いによって円満な解決を図るべきケースだったが、A弁護士は強引な主張を繰り返し、話し合いが難航した。A弁護士に依頼した住民は、どうしてよいかよくわからないようで、「弁護士にまかせます」という態度だった。A弁護士は「相手がこちらの要求を呑まなければ裁判をする」と言うのだが、水利権は権利として確立されていないので、裁判をしても勝てる見込みがない。私はA弁護士に「本当に裁判をするつもりですか。裁判は難しいと思いますが」と言ったが、A弁護士は聞く耳を持たない。結局、その事件は調停不成立になった。

それから約1年後、私がたまたま別事件の審理のために法廷に入ると、法廷ではまだ私の担当事件の前の事件の審理が行われていた。その裁判はA弁護士が代理人として扱っていた水利権の確認の裁判だった。裁判は公開されているので、誰でも傍聴席で裁判を傍聴できる。A弁護士は、調停が不成立になった後に水利権に関する裁判を起こしたのだ。私は、A弁護士が本当に裁判を起こすとは思っていなかったので、ひどく驚いた。それでもA弁護士は裁判をする際には、住民からかなりの金額の着手金をもらったはずだ。「勝てる見込みのない裁判で弁護士費用をもらうのは詐欺ではないか」と私は思った。A弁護士は法廷でいつものように饒舌に理解不能なことをしゃべり、原告の住民らはポカンとしてそれを拝聴していた。A弁護士は依頼者から弁護士費用をもらった手前、裁判の引き延ばしを行った後に（裁判がすぐ終わると、依頼者が、弁護士に払った弁護士費用の金額が高すぎたと感じる恐れがあるからだ）、原告敗訴の判決が出たようである。

その後A弁護士は、別の依頼者に預かり金数十万円を返還しなかった件や、依頼者との間で

「馬鹿野郎」、「この詐欺師が」などと罵り合った件で、「弁護士の品位を害した」として弁護士会から懲戒処分を受けた。

さらに、A弁護士は、ある刑事事件の共犯者とされる暴力団の組長から依頼を受けて、被疑者と面会をし、被疑者に「自分と家族の置かれている状況がわかっているだろうな」などと告げて、暴力団の組長に有利な供述をするように脅したとして脅迫罪で逮捕された。この暴力団の組長からの依頼の弁護士費用は100万円だったと報道された。結局、A弁護士は裁判で脅迫罪で有罪になった。

このような弁護士が約40年間、弁護士として活動していた。A弁護士は一時は多くの企業の顧問もしていたはずだ。A弁護士の友人のある事業者は、「○○先生（A弁護士）は酒を飲むとおもしろい」、「ゴルフを一緒にすると楽しい人だ」などと言っていた。A弁護士の悪評は弁護士の業界では周知のことだったが、一般の市民はそれを知らなかった。このような弁護士は、今も昔もけっこういるのだが、その悪評を市民が知るまでに20年も30年もかかるということだろうか。

「悪徳弁護士」の多くは、違法行為ではなく違法すれすれの行為をして利益を得ようとする。勝訴の見込みのない裁判を受任して着手金を稼ぐ弁護士、無意味な申し立てや裁判の引き延ばしをして弁護士費用を水増請求する弁護士、金融機関や司法書士などと提携する弁護士、悪徳業者の貸金の取り立てなどの「合法的な仕事」を一手に引き受ける弁護士、ほとんど仕事をしていないのに高額な弁護士報酬を請求する弁護士などがその例である。このような弁護士の問題行動は、違法行為として発覚しにくく、フツーの弁護士の仮面を被っている。

「悪徳弁護士」は、必ず高額な弁護士費用をとる。タダで仕事をする悪徳弁護士はいない。悪徳行為の動機が金目当てだからだ。「悪徳弁護士」は常に金と結びついている。「悪徳弁護士」の多くは、違法すれすれの行為をし、そのような行為を「違法ではない」、「悪いことはしていない」と主張する確信犯である。

しかし、「悪徳弁護士」でなくても、常に金のことを考え、弁護士の資格を金儲けの手段として利用し、違法すれすれの行為をする弁護士はけっこういる。

そのような弁護士と「悪徳弁護士」の違いは、それほどないのではないか？

金に執着し、高額な弁護士費用を請求する弁護士は、「悪徳弁護士」と大差ないのではないか？

## 高額な弁護士費用

弁護士には適正な弁護士費用の金額を提示する義務があり（弁護士職務基本規程24条）、それに違反すれば弁護士会の懲戒処分の対象になる。弁護士が「適正」、「相場」だと考える金額は、フツーの市民には「高い」。日弁連が２００８年に弁護士に行ったアンケートでは、遺産分割の調停事件では、着手金約50万円、報酬約100万円が「相場」だと回答した弁護士の割合がもっとも多かった（『市民のための弁護士報酬の目安』日弁連、2009）。これが弁護士が考える「適正」な金額である。

相続や売買に関する紛争で、依頼者が売買代金と補償金を合わせて4億3227万円の支払いを受けたケースで、弁護士が計4140万円の報酬を受け取り、弁護士報酬額をめぐるトラブルが裁判になった。このケースでは、弁護士が報酬契約書を作成せず、報酬の算定根拠の説明もしなかったので、裁判で高額な弁護士報酬の大半が違法とされた（東京地裁平成20年6月19日判決）。

一般の市民から見れば、4140万円の報酬額はとんでもなく高い。現在、年収500万円程度の弁護士が少なくなく、そのような弁護士から見ても、4140万円の報酬は非常識である。しかし、多くの弁護士は、「4140万円の報酬は高すぎるが、できれば自分もそのような高額な報酬にありつきたい」というのがホンネだろう。

右記のケースでは報酬契約書が作成されていなかったが、もし、報酬契約書で「経済的利益の10パーセント」を弁護士報酬とすることが明記されていれば、裁判の結論が変わった可能性がある。アメリカでは4億3227万円の30パーセントの報酬をとる弁護士もいるだろう。

裁判所は、弁護士と依頼者の間で報酬に関する取り決めがない場合には、諸般の事情を考慮して報酬額を決定する（最高裁昭和37年2月1日判決）。しかし、報酬契約書が作成されていれば裁判所はそれを尊重する。

２００4年に日弁連は弁護士の倫理規定を制定し、弁護士と依頼者の間で弁護士費用に関する契約書の作成を義務づけた（弁護士職務基本規程30条）。弁護士がこの契約書を作成しなければ、弁護士会から懲戒処分を受けることがある。しかし、委任契約書に記載すれば、その弁護士費用をとっても違法ではない。弁護士と依頼者の間で、弁護士費用の金額を自由に決めることができるという「自由競争」が、多くの問題をもたらしている。

弁護士が作成する委任契約書には、「経済的利益の10パーセント」を弁護士報酬とする記載が多い（消費税は別である）。だが、遺産分割、交通事故の保険金請求、労災補償金の請求、養育費請求事件などでは、経済的利益の10パーセントを報酬額にしたのでは、その多くが高すぎることがある。

遺言の執行者になった弁護士が、経済的利益を2億円と算定し、その10パーセントの２０００万円を減額して１６８０万円の報酬を請求したケースがある。弁護士会は「報酬が高額すぎる」として戒告の処分をした（『報酬に関する懲戒事例集』日弁連、２００４、7頁）。

交通事故の被害者が自賠責保険の申請手続きを行う場合に、弁護士がそれを代理し、自賠責保険から２０００万円の支払がなされ、弁護士がその10パーセントの２００万円を報酬として請求すれば弁護士会の懲戒処分の対象になるだろう。自賠責保険からの支払いは、請求をすれば自賠責保険が計算して一方的に保険金を振り込むので、弁護士の労力はほとんどかからない。

事件の相手方と9800万円で和解したが、弁護士が2800万円の報酬をとり、弁護士会から懲戒処分を受けたケースがある（『報酬に関する懲戒事例集』前出、4頁）。

養育費を請求する事件で、調停や裁判で定まった未成年の子供の養育費の金額が月額6万円であり、子供が2歳だとすれば、子供が20歳になるまでの間の養育費の経済的利益は、1296万円である。その10パーセントは129万6000円である。「経済的利益の10パーセント」が弁護士報酬であると定める委任契約書をそのまま適用すれば、129万6000円が弁護士の報酬になる。「そんなバカな」と思う人が多いだろう。そのような請求をすれば暴利行為である。私は、養育費請求事件で報酬をもらうことはしないが、法テラスを利用した事件では、法テラスが一定の弁護士報酬を決定する（そのため、不満を持つ依頼者が多い）。

ある相談者が、弁護士に債務整理を依頼したが不審な点があるため相談に来た。その相談者は弁護士に依頼したと思っていたが、その人が依頼したのは全国に支所を展開する「法務事務所」であり、司法書士だった。その「法務事務所」が作成した委任契約書は非常に複雑でわかりにくく、一般の市民が理解するのはほとんど不可能だった。契約書の文言上は、経費、手数料、加算金などの名目で高額な報酬がとれるようになっていたが、意図的に複雑でわかりにくい記載にして、高額な報酬額が露見しないように工夫していた。その「法務事務所」は着手金0円で客を勧誘し、高額な報酬をとっていた。委任契約書の難解さと高額な報酬は弁護過誤である。しかし、これは司法書士の行為なので、弁護士会は懲戒できない。

過払金返還請求事件については、かつては、回収した過払金の30パーセント、40パーセントの報酬をとる弁護士や司法書士がいた。私は、過払金の50パーセントの報酬をとった弁護士を知っている。ヤクザが債権取立をする場合の報酬が回収額の50パーセントなので、この弁護士はヤクザ並みの報酬をとったことになる。

前述したように、現在は日弁連の「債務整理事件の規律を定める規定」により、弁護士報酬は過払金返還請求事件で回収した過払金の25パーセントを超えてはならないとされたが、それでもかなり高額である。弁護士会は弁護士の高額な報酬を容認している。

通常の事件では経済的利益の10パーセントが弁護士報酬の相場だが、過払金返還請求事件では、なぜ弁護士の報酬額が高いのか。過払金返還請求事件では他の民事裁判よりも労力がかかるということはない。むしろ、こちらの方が簡単なことが多い。過払金返還請求事件の依頼者は弁護士が高額な報酬を取っても文句を言わない人が多いため、高額の報酬をとることが弁護士の業界の慣行になっていた。弁護士会は、このような弁護士の慣行を追認したのだ。

弁護士が扱う事件は一件一件異なるので、紛争解決に要した時間や労力、解決内容を勘案して弁護士報酬額を決めるほかない。委任契約書に経済的利益の10パーセントの報酬額を規定しても、実際にはそれを減額する弁護士が多い。それをするかどうかは、弁護士の「倫理感」や「良心」による。

弁護士が高額な報酬を請求しても、ほとんどの依頼者は懲戒申立をしないので、弁護士が処分を受けないことが多い。「1回限りの客」からできるだけたくさんの報酬をとろうとする弁護士が少なくない。同じ事件で300万円の報酬をとる弁護士もいれば、30万円しか報酬をとらない弁護士もいる。弁護士の倫理感と良心次第で弁護士の報酬額に10倍くらいの差がある。そのため、市民の立場では「弁護士を選ぶ」ことが大切である。弁護士の違いは、委任契約書の記載、法律事務所の外観、弁護士の外見や肩書きを見ただけではわからない。

## 「正義のために仕事をする弁護士」のイメージは間違い

弁護士業を一語で表現すれば、弁護士は法律を扱う自営業者である。自営業者であるという性格があるため、弁護士は法律事務所を維持し、食っていくことができなければ、正義や人権の実現どころではない。最近の多くの若い弁護士は、「法律事務所を維持し、食っていくこと」に苦労するのであり、人権活動や「困っている人を助ける」仕事をする前の段階で悪戦苦闘している。そして、「法律事務所を維持し、食っていくこと」に苦労することが、弁護士の多くの不祥事や問題行動をもたらしている。

マスコミが大きく取り上げる冤罪事件、再審事件、国家賠償請求事件、行政事件など（これを社会的な事件と呼ぶ）に関わる弁護士は、正義と人権保障の担い手の弁護士のイメージがあるが、そのほとんどはボランティア的活動であり、それからほとんど収入を得られない。社会的な事件の事件数は少ない。事件数が少ないからこそマスコミが大きく取り上げるのだが、マスコミが大きく取り上げる事件を国民は「多い」と感じる。

他方、弁護士が日常的に扱う一般市民の事件（これを一般的な事件と呼ぶ）は事件数が多いが、マスコミが取り上げることはほとんどない。ほとんどの弁護士は、収入を得るために自営業者として毎日、仕事をしている。弁護士全体の中では、社会的な事件をまったく扱わず、生涯、マスコミに登場しない弁護士の方が多い。

また、今の社会では「権利」は金銭に換算して計算される。すべての民事裁判は対象となる経済的利益を「訴額」として金銭で計算される。離婚の裁判ですら「訴額」は160万円と算定される。そのため、弁護士の業界では、離婚事件に慰謝料請求や財産分与請求が伴わなければ、離婚事件は「金にならない事件」とみなされる。社会的な事件の多くが「金にならない事件」である。すべての権利を金銭に換算するのは、市場経済の結果である。市場経済はすべての人間行動を金銭に換算する。そのため、頭の中で常に紛争の「訴額」を計算し、それを基準に弁護士の報酬額を計算することが弁護士の習性になりやすい。その点で弁護士の行動様式は不動産業者の行動に近い。

正義や人権の担い手という弁護士のイメージは、一部の限られた弁護士の一部の限られた行為を示すものに過ぎない。テレビドラマなどはそのような弁護士のイメージを利用して視聴率を稼ごうとする。そのような弁護士のイメージは、市民が一般的な事件を弁護士に依頼する場合にまったく役に立たないばかりか、有害である。

弁護士がボランティア的に行う冤罪事件、再審事件、国家賠償請求事件、行政訴訟など（社会的な事件）と違い、一般の市民が弁護士に依頼する事件（一般的な事件）のほとんどは弁護士の収入の対象である。一般的な事件では、弁護士はできるだけ多くの弁護士費用を取ろうとする傾向がある。それは弁護士から見れば「当たり前の金額」であるが、一般の市民には「高額」である。弁護士の金銭感覚と一般市民の金銭感覚は違う。多くの弁護士の金銭感覚は企業や資産家の金銭感覚に近い。

多くの市民は、「弁護士は金のためではなく、正義のために仕事をする」というイメージを持っているので、弁護士から高額な弁護士費用を請求されると、「弁護士は金のために仕事をするのか」と驚く。市民から見れば、弁護士は困っている人を助ける正義の味方どころか、困っている人から多額の弁護士費用を取る強欲な人種に見える。

また、裁判では、誰もが正義は自分にあると考えているので、正義と人権の担い手であるはずの弁護士が不正を冒した加害者の代理人になることに驚く人が多い。凶悪事件の加害者を弁護する弁護士は世論から非難されやすい。弁護士が金をもらって加害者を弁護することは正義に反すると感じる市民が多い。しかし、弁護士が金のために仕事をすることは、自営業者として当然の職務である。

市民が、弁護過誤の被害に遭わないためには、正義や人権の担い手という弁護士のイメージを捨て、金のために仕事をする自営業者としての弁護士を理解する必要がある。不正を冒す建築業者、不動産業者、金融業者がいるのと同じく、不正を冒す弁護士や違法すれすれの行為をする弁護士がいる。弁護士はさまざまである。市民が弁護士の実態を知ることが、弁護士から被害を受けないために必要である。

弁護士は法律に基づいて仕事をするが、「法律＝正義」とは限らない。「正義」に反する法律はいくらでもある。それは少しでも歴史を振り返れば明らかだ。多くの弁護士は法律に忠実に行動するので、おかしな法律のもとでは、弁護士の行動が正義に反することになる。ある法律が「正義に反する」として意図的に法律を無視する弁護士は、弁護士会の懲戒処分の対象になることがある。

消滅時効が完成すれば請求権がなくなること、証拠がなければ裁判で「真実」が認められないこと、裁判は「真実の発見」や「正義の実現」の場ではなく、証拠の有無を調べる手続きであることなど、裁判には市民が考える「正義」に反することはいくらでもある。しかし、法律上は、「証拠がなければ事実が認められない」ことは「正義」だとみなされる。市民が考える「正義」と裁判所が考える「正義」は異なる。

多くの弁護士（そうではない弁護士もいるが）が考える「正義」も裁判所のそれに近い。法律の明文規定と裁判例（判例）の前で、弁護士の正義感はどこかへ吹き飛び、「正義とは何か」を考えない弁護士が多い。

# 第7章　なぜ弁護過誤が生まれるのか

## 弁護士費用の額が弁護士の行動を左右する

一般に、弁護士の事件処理に要する労力や時間の予想がはずれることが多く、弁護士が受任した時に簡単に終わると思っていた裁判に何年もかかることがある。そのため受任時に着手金を多めにもらいたいと考える弁護士が多い。裁判の途中で追加費用の請求をしても払わない依頼者が多く、裁判で負けた場合には、ほとんどの依頼者が追加費用の支払をしないからである。

着手金の金額が低額な場合に、予想以上に裁判が長引き、依頼者が追加費用の支払をしなければ、弁護士が辞任することがある。法律上、弁護士は依頼者との間の信頼関係がなくなればいつでも辞任できるが、依頼者との間で着手金の精算をめぐって紛争が生じやすい。しかし、依頼者が精算金の返還を求める裁判を起こすことは滅多にない。

少額紛争では、弁護士が高額な弁護士費用をとると弁護士会から懲戒処分を受ける可能性があるので、多額の弁護士費用を請求しにくい。そのため、少額紛争を引き受けない弁護士が多い。少額紛争を引き受ける弁護士は、事件処理に要する労力、時間を節約し、あるいは、裁判上の和解で早く裁判を終わらせようとする傾向がある。これは依頼者から見れば弁護士の「手抜き」に見える。弁護士の意図的な手抜行為は弁護過誤だが、その証明は難しい。

司法支援制度（法テラス）を利用して弁護士に依頼した場合も、弁護士費用の金額が高くないので、弁護士が事件処理に要する労力、時間を節約する傾向があり、依頼者から「弁護士が要望通りに動いてくれない」という苦情が出ることが多い。

高額な報酬が見込める事件では、弁護士が「成果」を得るための「熱意」から相手方に対する威圧、威迫、侮辱、脅迫行為を行い、懲戒処分を受けることがある。また、弁護士の強引な和解や過大な報酬請求なども問題になりやすい。後で「和解における弁護過誤」の箇所で述べるが、和解時の弁護士の行動は、和解によって得られる弁護士の報酬金額の多寡が影響しやすい。

明らかな「勝ち筋の事件」では、弁護士は着手金の額を低く抑えて（時には無料で）依頼を得ようとする傾向がある。着手金が少なくても多額の報酬が見込めるからである。逆に「負け筋の事件」では、弁護士はできるだけ多くの着手金をとろうとする。なぜなら、裁判に負ければ報酬をもらうことができないからである。

事件には、「勝ち筋の事件」と「負け筋の事件」がある。これは、相談を受けた時点でだいたい予想がつく。「訴状を見れば裁判の勝敗の9割は予想がつく」、あるいは「訴状を見れば裁判の勝敗の7、8割は予想がつく」と述べる裁判官がいる（『ニッポンの裁判』瀬木比呂志、講談社、2015、22頁）。弁護士も同じである。

多くの市民が、「裁判の勝敗は弁護士次第だ」と考え、裁判に勝てる弁護士を探そうとする。しかし、多くの事件が「勝ち筋の事件」か「負け筋の事件」であり、だいたい勝敗は最初からある程度はわかっている。勝つか負けるかが微妙な事件もあるが、多くない。勝つか負けるかが微妙な事件では、裁判の判決は証拠の優劣と弁護士の能力に左右されるが、この場合でも、多くの事件が和解で終わるので、「和解における弁護過誤」が問題になる。

明らかに負けるとわかっている裁判を引き受けない弁護士は多い（原告代理人にならないということ）が、既に裁判を起こされて被告になっている場合には、裁判を進めるために、弁護士が裁判を引き受けることが多い。

明らかに負けるとわかっている裁判を引き受ける弁護士は、高額な着手金を要求することが多い。明らかに負けるとわかっている裁判で、弁護士が依頼者に「裁判に勝てますよ」と述べて着手金を受け取れば、これは詐欺である。明らかに負けるとわかっている裁判を引き受ける弁護士は、裁判の見通しについて何も語らず、高額な着手金を要求するかもしれない。依頼者は裁判に勝つつもりで大金を弁護士に支払うので、それは依頼者の誤信を利用した弁護過誤行為だが、弁護過誤の証明が難しい。

## 弁護士が事件を作る

イギリスの思想家のホッブズが『リヴァイアサン』という本の中で述べるように、もともと人間には互いに争いやすい性質がある。しばしば、「日本人は争いごとを好まない」と言われるが、「争いごとを好まない」のは欧米でも同じである。争いごとを好まなくても人間の社会では必ず利害と感情に基づいて争いごとが生じる。この点は日本でも同じである。

企業、事業者、資産家が抱える紛争は経済的な紛争が多いが、一般の市民の間の紛争は、得か損かだけでなく感情的な対立が伴うことが多い。裁判は法律の理屈で紛争を処理する手続であり、感情的な紛争は裁判で解決できないことが多い。事件関係者の怒りや悲しみは金で解決できないが、裁判は基本的に紛争を金で解決する手続である。そのため、一般の市民の間の紛争は裁判になりにくく、鬱屈した感情を自分の中に溜め込む人が多い。それが、日本でのうつ病の多さや親族間、知人間の殺傷事件の多さをもたらしているのかもしれない。

一般の市民のおもな紛争は借金の整理、離婚、相続紛争などであるが、日本では欧米に較べて弁護士への依頼が多くない。ドイツの裁判件数は日本よりも1桁多く、アメリカの裁判件数は日本よりも2桁多い。

日本では弁護士の数が急増したが、弁護士の仕事が増えていない。日本の社会は法律で動いていないので、弁護士はそれほど必要とされない。弁護士への法律相談は増えているが、法律相談をするだけでは弁護士は食っていけない。弁護士は事件を受任して着手金や報酬を得る必要がある。最近、街中に弁護士の広告や勧誘が溢れ、弁護士会が「事件の掘り起こし」に躍起になっているが、これは弁護士の仕事が増えないからである。

開業弁護士にもっとも必要な能力は、いかにして事件を獲得するかという「事件獲得能力」である。これは営業力と言ってもよい。これがなければ、どんなに優秀な弁護士でも食っていけない。

このような状況が、弁護士が紛争を強引に事件にする傾向をもたらしている。一般の市民の感情的な紛争も、弁護士が受任すれば事件になる。たとえば、家族間、親族間、友人間、職場の人間関係をめぐる紛争は非常に多く、「慰謝料を請求したい」という相談が多い。そのような紛争は損害を金銭に換算する法律的解決になじみにくく、かつてはそのような相談者を相手にしない弁護士が多かった。しかし、最近はそれを引き受け、慰謝料などを請求する弁護士が増えている。

子供が親から暴言や強制などの「虐待」を受けたという理由から親に対する慰謝料請求の裁判を引き受ける弁護士や、職場の同僚からの差別を理由に慰謝料請求を引き受ける弁護士がいる。かつては親子間の裁判を引き受ける弁護士はほとんどいなかったが、最近はそうではない。

現在、自動車事故のほとんどは自賠責保険や自動車保険（任意保険）で処理され、弁護士に依頼されることは少ないが、弁護士が受任して相手方を一方的に非難、攻撃すれば、たいてい交渉が決裂し、裁判になりやすい。弁護士に交渉を依頼すると、話し合いによる解決から遠ざかることが多い。紛争の解決の依頼を受けた弁護士はすぐに交渉を打ち切って、裁判に持ち込もうとする傾向がある。弁護士には、事件は「裁判になってナンボ」という感覚がある。

最近は、自動車保険に弁護士特約がついており、弁護士費用が自動車保険から支払われる（依頼者の経済的負担がない）。そのために多くの自動車事故で弁護士が受任し、自動車事故が裁判になりやすい。そして、弁護士が保険会社に高額な弁護士費用の請求をすることが問題になっている。

弁護士の数の急増と弁護士の仕事が増えていないことが、「弁護士が事件を作る」傾向を生んでいる（『司法改革の失敗と弁護士』前出、72頁）。アメリカの大学には法学部がなく、法律を学ぶ場所はロースクール（法科大学院）しかない。しかし、日本では大学法学部と法科大学院で大量の卒業生を産み出している。役所や大企業は、大学法学部卒の優秀な新卒者（非弁護士）と限られた数の顧問弁護士がいれば法律業務が間に合う。一般の市民や零細事業者は弁護士に依頼すると金がかかるので、あまり利用しない。そのため、仕事のない弁護士が食っていくために、事件を「作り出す」傾向が生じている。

アメリカの弁護士は離婚事件を引き受けたがらないと言われているが、日本では「離婚専門」を名乗り、積極的に離婚事件の勧誘をする弁護士が多い。日本では、弁護士が関与しない協議離婚が多いが、弁護士が離婚に関与すれば、離婚が紛糾して裁判になりやすい。

弁護士にとって、夫婦が簡単に協議離婚したのでは、弁護士の仕事にならない。弁護士にとって、夫婦が激しく争って激情にかられた方が弁護士の仕事につながる。ただし、弁護士が歓迎するのは、財産のある人の離婚事件や、不倫による慰謝料請求などを伴う離婚事件である。これらの事件は、弁護士に多額の報酬が入るので「おいしい事件」である。他方で、財産も収入もないのに激しく感情的に対立するだけの夫婦の事件は、歓迎しない弁護士が多い。

人が亡くなれば必ず相続が生じるが、遺産分割のほとんどは弁護士に依頼されない。相続のほとんどは紛争化しないからである。法律の規定通りに遺産を分けるだけであれば、紛争はなく、弁護士に依頼する必要はない。しかし、紛争化しない遺産分割でも、弁護士に依頼すれば弁護士の報酬が生じる。弁護士にとって資産家の相続事件は「おいしい事件」である。そのため、「相続、遺産分割事件は相談料無料」という派手な広告で相続事件の勧誘をする弁護士が多い。

他方で、資産がほとんどないのに相続人間で激しく感情的に対立する事件は、歓迎しない弁護士が多い。そのような事件は、下手をすると弁護士が時給５００円程度で長時間労働を強いられる羽目になるからである。

遺言の作成は、それ自体は高額な弁護士費用の対象ではないが、遺言書の保管、遺言執行、遺産分割などが関連事件として派生し、それらが高額な弁護士報酬をもたらす。そのため、最近は遺言書の作成を勧誘する弁護士の派手な広告が目立つ。

弁護士が事件を作り出すことは自由競争の当然の結果であるが、弁護士が収入を得るために強引に事件にすることは違法である。

弁護士職務基本規程（日弁連作成）10条は、弁護士が不当な目的で、あるいは、品位を害する方法で事件を勧誘することを禁止している。しかし、「不当な目的」とか「品位を害する方法」の内容はあいまいである。かつては、弁護士が広告を出すことは弁護士の品位を害するとして弁護士会の懲戒処分の対象だったが、現在では弁護士の派手な広告が当たり前である。電話帳の広告でもっとも派手なものは、サラ金の広告と弁護士の広告である。

自動車事故、特に人身事故は自動車保険から高額な損害賠償金の支払いがなされることが多いので、弁護士にとって「おいしい事件」である。そのため、「交通事故の被害者は相談料無料」という弁護士の派手な広告が多い。交通事故の加害者からの依頼は「金にならない」ので、弁護士の派手な広告の対象ではない。自動車事故では、しばしば、高額すぎる弁護士報酬が問題になり、弁護士が懲戒処分を受けることがある。

## 弁護士の問題行動

弁護士の問題行動が直ちに弁護過誤を意味するわけではないが、弁護過誤は弁護士の問題行動の延長上にある。弁護士が問題行動を繰り返しているうちに、それが弁護過誤につながりやすい。市民の立場では、弁護過誤を防ぐためには、問題行動のある弁護士を避けることが必要である。

弁護士が、裁判所に提出する書面の中で、激しい言葉で相手方を攻撃することがある。そのような過激な言葉を繰り返しているうちに、相手方の名誉毀損やプライバシーを侵害し、弁護士が懲戒処分を受け、損害賠償責任を負うケースがある。弁護士が相手方の代理人弁護士を誹謗中傷したとして損害賠償責任を負ったケースがある（『弁護士賠償責任保険の解説と事例第6集』全国弁護士協同組合連合会編、2020、37頁）。たとえば、裁判所に提出する書面に「相手方の主張は嘘である」と書く弁護士は多い。それがエスカレートして、「平気で嘘をつくろくでなし」と書けば、相手方の名誉を侵害する。

弁護士会に、「裁判の相手方の弁護士が嘘の主張を繰り返す」という苦情申立がなされることが多いが、弁護士が意図的に虚偽の主張をすれば懲戒処分の対象となる。多くの場合、弁護士が依頼者の言い分を書面に書いているだけであって、意図的に嘘を書くわけではない。しかし、弁護士が「たぶん嘘かもしれない」と思いつつそれを書けば、故意に嘘の主張をしたことになりかねない。依頼者の主張をオウムのように忠実に書面に書く弁護士は、弁護過誤予備軍である。しかし、最近、依頼者の主張に忠実な若い弁護士が増えている。

弁護士が裁判外で、紛争の相手方の会社に乗り込んで、拡声器で紛争の相手方を誹謗中傷して弁護士会から懲戒処分を受けたケースがある。この弁護士は依頼者の意向に忠実に行動したのだが、この弁護士にはもともと人格的に問題があった。このように人格的に問題のある弁護士はけっこういる。

紛争の相手方の勤務先会社に、封書ではなく葉書に事件の内容を書いた郵便を送った弁護士がいる。この弁護士は、葉書の文面を紛争の相手方の勤務先会社の関係者が読むことができるように、わざわざ封書ではなく葉書に書いて郵送したのである。このような行為は懲戒処分の対象になる。この弁護士も人格的に問題がある。

「弁護士から侮辱された」、「弁護士から馬鹿にされた」、「弁護士から脅された」などの苦情は非常に多いが、多くの場合、口で言っただけではその証拠がないので、弁護士に懲戒処分がなされることは少ない。しかし、裁判の尋問や書面の中に弁護士の暴言、誹謗中傷、罵倒、名誉毀損などの発言や文章があれば、裁判所の記録に残るので後で証明可能である。これらについて、弁護士会から「品位を欠く」として懲戒処分を受ける弁護士は多い。

しかし、これらの尋問や書面の中での倫理違反行為で懲戒処分を受けても（そのほとんどが戒告である）、弁護士の「品位」よりも裁判に勝つことを優先させる弁護士が多い。弁護士の「品位」が弁護士の収入に結びつくわけではない。逆に、尋問や書面の中で相手を罵倒すれば、「熱血弁護士」、「やり手の弁護士」として依頼者の弁護士への信頼が増し、弁護士が報酬をもらいやすい。

また、弁護士が裁判の相手方に罵詈雑言を浴びせて攻撃すれば、裁判で有利になることがある。裁判所から見れば、弁護士の懲戒処分は弁護士会という民間団体の内部処分に過ぎず、裁判官が弁護士の倫理違反行為を心証のうえでその弁護士に不利に扱うわけではない。弁護士による相手方の誹謗中傷は、それが弁護士にとって「役立つから行う」という面がある。

日弁連作成の弁護士職務基本規程75条は、弁護士が裁判で虚偽の証拠を提出することを禁止している。また、弁護士は依頼者が述べる内容が真実かどうかを確認すべき義務がある。しかし、多くの場合、弁護士は「依頼者の言うことを信用した」と弁解する。依頼者の言う内容について、弁護士が、「それは嘘ではないですか」と言えば、依頼者は腹を立てて弁護士を解任するだろう。その依頼者が顧問先企業の場合には、顧問先を失うことにもなり弁護士にとって死活問題だ。顧問先の企業が不正行為を行った場合に、それを見て見ぬふりをする顧問弁護士が多い。企業は、企業の不正を暴く弁護士よりも、企業の不正を忖度して見逃す弁護士の方がありがたい。企業にとって、不正の隠蔽に積極的に加担する弁護士は「信頼度」が高いが、そこまで企業に忠実な弁護士は悪徳弁護士である。

弁護士の中に、「証拠がないことは否定する」者が少なくない。これは、弁護士が、裁判で証拠があることは認め、証拠がないことは否定することが当たり前になりやすいからである。

親しい友人や親族間では金を貸しても契約書や証人、振込証などの証拠がないことが多い。そのような場合に、弁護士が借主に「借りたとしても借りた証拠がなければ、借りたことを否定すればよい」とアドバイスすれば、弁護過誤であり、懲戒処分の対象になる。

しかし、貸金返還請求の裁判では、貸した証拠がまったくなければ、貸主が負ける。「そんなバカな」と思う人が多いが、これは返還請求者である原告に立証責任があり、法律上、原告が立証できなければ裁判で負けることになっているからである。貸金返還請求の裁判で、被告(借主)が借りた事実があっても、「借りていない」と弁護士に言えば、借主の代理人弁護士が、「金を借りた事実はない。貸したというのであれば、証拠を出せ」と裁判で主張する。弁護士が、「本当は依頼者は金を借りたのではないか」と思っても、あえて依頼者を追及しないことが弁護士の慣行になりやすい。これは原告から見れば、「弁護士が嘘をついている」ことになる。

このようなケースでも、裁判の途中で、たまたま金銭貸借に関する被告の書いたメモを貸主が発見することがある。それを裁判所に提出すると、借主の代理人弁護士は一転して態度を変えて借りたことを認め、平然と、「借りたことを思い出した」などと述べる。そこには悪びれた様子は微塵もない。こんなことをしていては、弁護士は政治家や官僚と同じであり、正義の担い手どころかフツーの人間としても信用されない。

民事裁判では、裁判でどのような主張をするか、どのような証拠を出すかは当事者の自由とされ（弁論主義）、原則として証拠を提出する義務はない。これは、自由競争の社会では、裁判での主張や証拠の提出を自由競争にゆだねる考え方に基づく。他方で、弁護士職務基本規程は、弁護士は正当な利益を実現すべきだとしている（21条）。しかし、弁護士が相手方に有利な証拠を隠蔽しても、通常、そのような証拠があることを裁判の相手方が知ることはないので、バレることは稀だ。

弁護士が証拠を隠すことは許されないというのが正常な市民感覚だが、「自分に不利な証拠を出すバカはいない」と考える弁護士が少なくない。弁護士が公正や正義の実現の担い手だとすれば、すべての証拠を裁判所に提出すべきだが、そのような弁護士は多くない。

刑事裁判では、しばしば検察官が被告人に有利な証拠を提出せず、証拠を隠蔽する。その結果、被告人に有利な証拠が裁判で提出されず、冤罪になるケースが少なくない。ある再審刑事事件で検察官がそれまで裁判所に提出していなかった証拠を開示したが、それは実に15年ぶりだった。言い換えれば、検察官が15年間証拠を隠していたのだ。弁護士も検察官も似たようなことをしているが、企業、学校、役所、官僚、政治家も、日本中で、情報や証拠の隠し合いや騙し合いをしている。それが日本の社会の現実である。

企業は利益獲得につながる情報はテレビコマーシャルなどで過大に宣伝するが、都合の悪い情報は隠蔽することが多い。役所や学校も同じである。弁護士が証拠を隠し、嘘をつくのは、企業、役所、政治家、個人と同じである。誰でも都合が悪いことは隠したがる。弁護士も同じである。しかし、役所、政治家、弁護士は、公正であるべき社会的使命があり、個人が嘘をつくこととはその持つ意味が違う。

## 社会の変化と弁護過誤

弁護士に限らず、あらゆる職業が社会の変化の影響を受ける。

戦前、弁護士の仕事と収入が少なく、弁護士業が世間から「正業」とみなされなかった時代がある。そのため、弁護士は信用されず、弁護士に家を貸さない家主が多かったそうだ（『職業史としての弁護士および弁護士団体の歴史』前出、124頁）。今で言えば、当時の弁護士は正業に就かない「フリーター」のようなものだったのだろう。

戦後になって、弁護士は「稼げる職業」としての地位を獲得した。これは高度経済成長の影響が大きい。弁護士は医師と並んで収入の多い職業となり、弁護士が「将来なりたい職業」の上位にランクされた時代がある。

しかし、その後の司法改革により、法科大学院が設置され、弁護士の数が急増し、状況が一変した。前記のとおり、日本では弁護士の半分は年収400万円以下だとされるが（『弁護士の格差』前出)、高収入の弁護士も多い。高収入の弁護士の多くが、収入の少ない一般市民や零細事業者ではなく企業や資産家を顧客とする弁護士である。アメリカ、ドイツ、北欧などの弁護士も弁護士間の格差が大きいが、欧米の弁護士は日本の弁護士よりも労働時間が短く、平均的な収入が多い(『アメリカの大都市弁護士』ジョン・P・ハインツ他、現代人文社、2019、『北欧法律事情』萩原金美、中央大学出版部、2017など)。

規制が緩和されれば企業活動が活発になり、企業紛争を扱う弁護士需要が増える。増加する企業紛争は大手法律事務所に集中する傾向があり、企業紛争を扱う法律事務所が大規模化する傾向がある。アメリカでも企業関係の事件が増えており、弁護士が企業事件を扱う大規模法律事務所に集中する傾向がある(『アメリカの大都市弁護士』前出)。

他方で、経済的な規制緩和の結果、市民の格差が拡大し、一般の市民に経済的余裕はない。新規開業弁護士の多くが一般の市民に関する事件を扱い、この局面では限られた事件を増加する弁護士によるパイの奪い合いが生じている。一般の市民の事件に関して弁護士の倫理的な問題行動が多発している。弁護過誤は企業が関わる大規模の紛争よりも、一般の市民に関する紛争で起きる方が圧倒的に多い。弁護過誤の被害者の多くは企業ではなく、一般の市民である。

古くから、金に支配される人間の姿は、『ヴェニスの商人』(シェイクスピア)、『金』(ゾラ)、『クリスマス・キャロル』(ディケンズ)などに描かれているが、弁護士の仕事は、その性格上、「金」が行動の基準になりやすい。金が政治家をゆがませるように、金は弁護士をゆがませやすい。政治家の活動に金がかかるように、弁護士業を維持するには金がかかる。法律事務所の維持に金がかかり、日本の弁護士会費は世界でもっとも高額である。

弁護士を続けるためには、金を得続けなければならない。金の多寡が弁護士のステイタスを左右し、弁護士はプライドが高い。弁護士が金に執着するのはそれなりの理由がある。

## 弁護士の人格を担保するものはない

弁護士は、勤務弁護士を除いて、一人ひとりが独立した自営業者であり、誰からも指図を受けない。個人事務所の弁護士の多くが独りで仕事をする。多くの弁護士が「一国一城の主」であり、「お山の大将」になりやすい。

弁護士は、縛られることの少ない自営業者だが、弁護士の行動を縛る最大のものが「収入を得る必要性」である。「収入につながるかどうか」が弁護士の行動の基準になりやすい。もちろん、弁護士は「正義の実現」や弁護士倫理を自覚しているが、それらは弁護士に1円の収入ももたらさない。弁護士が事務所の資金繰りやローンの返済に困れば、「正義の実現」や弁護士倫理などは簡単に吹き飛んでしまう。弁護士を縛るものが少ないことは、弁護士が暴走した結果としての弁護過誤の歯止めがないことを意味する。

弁護士が住んでいる世界は、相談者・依頼者、法律事務所の事務員、裁判官、検察官、同僚弁護士という狭い世界である。弁護士は仕事上、いつも、事務員と依頼者から「先生」と呼ばれている。弁護士が、企業、自治体、商工団体、福祉団体、ＰＴＡなどの役員になることがあるが、弁護士の肩書きでその役割に就くことが多い。

仕事を完全に離れて、たとえば趣味の分野で一私人として活動する場合には、弁護士であるかどうかは関係ないが、そのように一私人として活動する弁護士は少ない。この点は、日本の社会が仕事中心社会であり、仕事を離れた「私的世界」が狭いことを意味する。そのため、弁護士がその肩書きを失うことは、弁護士のアイデンティティの喪失であるばかりか、人間としてのアイデンティティの喪失につながりやすい。経済的に破綻した弁護士が、破産申立をして弁護士資格を失うよりも預り金の流用を選ぶのは、そのためである。

弁護士の資格はペーパーテストで取得できる。高校での試験、大学での試験、法科大学院での試験、司法試験、司法研修所での試験のすべてがペーパーテスト中心である。法科大学院ができる前は、さまざまな職歴のある人が司法試験を受けて弁護士になっていたが（私もその一人である）、現在は、職歴のある人が弁護士になることが難しい。法科大学院に金がかかるので、働きながら法科大学院に通うことが難しい。働きながら予備試験経由で弁護士になる人は少ない。現在は、進学校―有名大学―法科大学院（もしくは予備試験経由）というコースで弁護士になる人が多い。

欧米では法曹資格者が、法律事務所、裁判所、役所、企業などの間を移動することが多い。

その結果、弁護士の業界が多種多様な経験の持主の集団になる。しかし日本は、司法試験に受かって弁護士になれば、死ぬまで弁護士をする人が多い。そのような弁護士の業界は閉鎖的な「ムラ社会」になりやすい。日本では、役所、大企業、裁判所なども「ムラ社会」であり、役所が組織ぐるみで情報の隠蔽、改ざんをするのはそのためである。弁護士の業界だけが日本の社会の中で特別なわけではない。

社会的なシステムとして弁護士の人格を担保するものは何もない。この点は、医師、官僚、教師なども同じである。弁護士が一般の市民よりも人格がすぐれているということはない。一般の市民の中に人格の偏った者がいるように、弁護士の中にも人格のおかしな人間がいる。むしろ、激しい受験競争の中で偏った人格の持主が法曹になることが多く、現実に、人格に偏りのある弁護士は多い。この人格の偏りは、「お山の大将」的な弁護士の職業環境によって増幅されやすい。

さらに法律家は理屈でモノを考えることが多く、「法律アタマ」になりがちだ。「法律アタマ」は、人間の行動を法律の理屈だけで考え、すべての問題を法律や理屈で解決できるという思い上がりと人間に対する無知や洞察力の欠如を意味する。これは、法律家が法律だけで自己完結する閉鎖的な世界に住んでいることと関係している。

社会経験のとぼしい者が理屈だけで考えると、法律が人間の幸福や正義のためにあることが忘れられやすい。手段であるはずの法律が目的になりやすい。法律の専門書を読むだけでは、法律の適正な運用はできない。法律は人間に適用されるので、法律を運用するには人間の理解が必要である。それがなければ、たとえば、真実の供述であっても、「本当のことを言っているという証拠がないので、こいつは嘘をついている」と確信することが起こりうる。

## 倫理過誤の背景

単純なミスや判断ミスは、ミスを冒しやすい人間の生物的な性質の結果だが、倫理過誤は弁護士に固有のものである。悪質な弁護過誤が問題になるのは、倫理過誤についてである。

弁護士会は弁護士の倫理過誤を防ぐために、弁護士会の倫理規定の整備、研修の実施、預かり金口座の開設、弁護士会への定期的な報告などの対策を実施しているが、ほとんど役に立っていない。弁護士会の会長経験者や倫理研修の講師経験者などの、それなりの人望のある（はずの）弁護士が詐欺や横領事件を起こしている。

弁護士会から懲戒処分を受けた弁護士を会社の顧問に起用し、あるいは番組出演者に起用するテレビ局がある。これは懲戒処分を受けた弁護士であっても、企業やマスコミにとって利益になるからである。また、そのような企業やマスコミを容認する消費者や視聴者がいる。

「懲戒処分を受けた弁護士であっても、利益をもたらしてくれる弁護士の方がよい」という企業・依頼者にとって、弁護士が懲戒処分を受けた事実は無視される。問題のある弁護士であっても、企業に利益をもたらしてくれる弁護士を顧問に据える企業が少なくない。社会全体の利益優先の考え方が弁護士の行動に大きく影響する。弁護士会から懲戒処分を受けても、「やり手の弁護士の勲章」くらいにしか考えない弁護士がいる。倫理過誤を冒す弁護士は、それを容認する社会があるからこそ存在する。

弁護士になる前は、正義の実現や人権保障に憧れて弁護士を志望した者が多く、最初から倫理過誤を冒すつもりで弁護士になる者はいない。しかし、弁護士の業界に入れば、そこで当たり前の利益獲得競争の結果、さまざまな問題行動を冒すようになる。これは、就職時には「大きな志」を持って官僚になっても、年数を経ると官僚の世界の慣行、競争、閉鎖性などに慣れてしまい、「政治家を忖度する官僚らしさ」が自然に身につくことに似ている。

最近は弁護士になってすぐに開業する弁護士（即独と呼ばれる）が多いが、通常、開業してもすぐには仕事はない。新規開業弁護士は法律事務所を維持するために収入につながる仕事を見つけなければならない。他方で、弁護士経験が少なければ、未熟さからさまざまな失敗をしやすい。

イソ弁（勤務弁護士）として給料をもらっている間は問題を起こさなかった弁護士が、独立開業の数年後に、横領、高額な報酬、強引な交渉や和解、弁護士の利益偏重行動などをすることがある。弁護士になって20年後、30年後に資金不足のために倫理過誤を起こす弁護士がいる。弁護士の多くは収入の安定性に憧れて弁護士になる。そこでいう「収入の安定性」は自分の住んでいる狭い世界の中で考える。40代の弁護士の大学の同級生の多くが大企業や役所の管理職になっている。弁護士の中に、「優秀だった自分が大学の同級生たちよりも収入が少ないのはおかしい」と考える者が少なくない。

かつては弁護士は「安定した収入」を得られる職業だったが、現在はそうではない。あらゆる資格に関して、資格者が市場にあふれれば、資格が持つ価値は低下する。弁護士も、その数が大幅に増えれば、「安定した収入」が失われることは当然である。法科大学院の志望者が当初の5分の1に激減し、法科大学院の半分がつぶれたことや、弁護士の横領事件が増えたことはそれと関係がある。

収入が不安定であることを覚悟のうえで弁護士になればよいのだが、現実はそうではない。テレビドラマなどの影響を受けて、今でも弁護士に「収入の安定したエリート」という幻想を持つ者が少なくない。弁護士になれば金を稼げると考えて弁護士になった者は、「こんなはずではなかった」と考え、倫理過誤予備軍になりやすい。

日本の社会と弁護士の業界には、弁護士の収入が弁護士のステイタスを示す風潮がある。世論は、収入の少ない弁護士を「弁護士のくせに収入が少ない」、「無能な弁護士」と見下す傾向がある。弁護士はプライドが高いので、「落伍者」、「無能」、「負け組」などと言われることが我慢できない。

アメリカでは弁護士の資格を得てすぐに即独する弁護士は少ないが、日本では、法律事務所、企業、役所に就職できない新規弁護士がたくさんおり、即独する弁護士が多い。即独弁護士は、知識、経験がなく、金もない。弁護士の収入は月による変動が大きいので、弁護士は常にある程度の資金をプールしておくことが必要である。しかし、現実には、弁護士になったばかりの者が何千万円も資金を持っていることはなく、むしろ弁護士の多くが奨学金、法科大学院の学費、事務所開設費用などの借金を抱えている。弁護士の収入は波が大きく、借金返済と事務所経費の負担が問題行動につながりやすい。弁護士の借金は倫理過誤の爆弾のようなものだ。

収入の不安定な弁護士の周囲には、常に、「先生、私と組みませんか。もうかりますよ」という悪徳業者が近づきやすい。金払いのよいまともな顧客にとって弁護士は足りているが、金払いのよい悪徳業者にとって弁護士は全然足りないのだ。かつては、この種の悪徳業者は収入の少ない若い弁護士と収入の減った高齢の弁護士を狙ったが、最近は、都会でも田舎でもあらゆる年齢の弁護士に触手を伸ばしている。

弁護士は、知識、経験、能力の有無に関係なく、営業力がなければ経済的に行き詰まりやすい。欧米では弁護士の企業や役所への就職者が多いが、日本では企業や役所に就職する弁護士は多くない。

弁護士は高齢になると収入が減る。大企業や役所のサラリーマンは、退職金や年金で老後の生活ができるが、弁護士はそれがない。のみならず開業弁護士は毎月100万円近い経費支出がある。最近は、生活費や借金返済に困った高齢の弁護士が起こす横領事件が増えている。

弁護士の業界の歯止めのない自由競争が倫理過誤の増加をもたらしている。開業したばかりの弁護士や収入が不安定な弁護士は、何とかして事務所経費を捻出しようとして苦労する。弁護士の仕事は労力と収入がまったく比例しない。

ところが同じ事件であっても、弁護士の請求の仕方次第で弁護士の30万円の収入が100万円の収入に早変わりする。それはまさに錬金術である。一生の間に一度しか弁護士に依頼しない、いかにも人の良さそうな依頼者に高額な報酬をふっかけることは、実に簡単だ。この錬金術の旨味を巧妙に利用しても、弁護士の自由競争のもとでは違法ではない。弁護士の収入の不安定、借金、経済的困窮、「金」に対する人間の欲望などが、そのような違法すれすれの錬金術の誘惑になる。それを繰り返す弁護士は、やがていずれは弁護過誤を冒すことになる。それらが弁護士会の懲戒処分の対象になるのはほんの一部である。

一般の市民が遭遇する紛争は、離婚、相続、借金、賃貸借、交通事故などであり、ほとんどの弁護士がこれらの一応の法的知識を持っている。多くの事件は「事件のスジ」や証拠の有無が結論を左右する。ほとんどの事件は「勝つべき事件」が勝つのであって、どの弁護士に依頼しても判決の結果に大きな違いはない。しかし、裁判では、判決と同じくらいの割合で和解で紛争が解決され、和解の進め方や弁護士費用の金額は弁護士によってまったく異なる。

一般的な事件以外の刑事再審事件、国家賠償請求、行政訴訟、公害訴訟、医療過誤訴訟などは、どの弁護士でも扱うわけではない。これらの事件は件数が少なく、弁護士の通常の仕事ではない。これらの事件は、弁護士のボランティア的活動によって担われることが多く、倫理過誤は稀である。

弁護士の暴言、威圧、脅迫、パワハラなどは弁護士の偏った人格がもたらすことが多い。人格の偏った人間は人口中に必ず一定比率で存在し（『人格障害の時代』岡田尊司、平凡社、２００４、など）、「偏った人格」は弁護士だけの問題ではない。官僚、医師、大学教授、研究者などの中にも人格の偏った者が少なくない。役所や会社でも「偏った人格」の人はいくらでもいる。ただし、組織の中では、「偏った人格」がもたらす弊害が目立ちにくい。役所や会社に「偏った人格」の職員がいても、同僚がそれをカバーするからだ。しかし、開業弁護士の場合はそうはいかない。アメリカのトランプ大統領のような人間が弁護士になれば、紛争の相手方を攻撃するにはよいが、依頼者にも威圧的な弁護士になるだろう。

多くの離婚事件を扱うと「偏った人格」が多いことがわかる。役所や会社では「フッーの人」が、家庭でＤＶを起こす。かなり前から、国の官僚の家庭内でのＤＶが指摘されている（『子供たちの復讐』本多勝一、朝日新聞社、１９８６、６２９頁）。弁護士の「偏った人格」は、「お山の大将」的な環境によって増幅され、近年の弁護士の競争によって「暴走」しやすい。弁護士の行動は弁護士個人の資質や倫理感にゆだねられている。信頼できるすぐれた弁護士は多いが、そうではない弁護士もけっこういる。

# 第8章　弁護過誤の実際

## 弁護士の格差と弁護過誤

弁護士の格差が弁護過誤に大きく関係する。アメリカでは弁護士の二極化が進み、企業をおもな顧客とする法律事務所の弁護士（ビジネスローヤー）の初任給は年間約１５００万円、パートナー弁護士（経営弁護士）の年収の平均は約1億５４００万円だった（２０１１年）。これに対し、アメリカの一般の市民の事件を扱う弁護士の２０１０年の年収の平均は５１０万円だった（「危機に立つアメリカの弁護士」吉川精一、『自由と正義』２０１6年10月号、日本弁護士連合会、54頁）。

日本では、東京などの大規模法律事務所の弁護士の初任給は年収１０００万円であり、年収数千万円の弁護士は珍しくない。年間何億円も稼ぐ弁護士もいる。このような弁護士はビジネスローヤーであり、一般の市民の零細事件は扱わない。

他方、個人法律事務所の弁護士の初任給は年間400～500万円、弁護士の半分（そのほとんどが開業弁護士である）は年収400万円以下である（『弁護士の格差』前出）。このような弁護士は一般の市民や零細企業の事件を多く扱う。

弁護士の収入の格差は、弁護士の依頼者層の格差が反映する。資産家が依頼する相続や離婚事件と、一般の市民が依頼する相続や離婚事件では、弁護士の着手金が数倍、時には10倍も違う。東京と地方の格差、都会と田舎の格差、大企業と零細企業の格差、資産家と一般の市民の格差、社会の「勝ち組」と「負け組」の格差が大きく、その格差が弁護士の依頼者層の格差となり、弁護士の収入の格差をもたらす。

最初から「金を儲ける」つもりで弁護士になる者は多くない。弁護士の多くは、仕事のやりがい、仕事の独立性、収入の安定性などに憧れて弁護士になる。しかし、弁護士になってすぐに即独すれば、すぐに収入の不安定さに直面し、「こんなはずではなかった」と考える。経験がないまま開業してもすぐに収入が得られないことは、飲食店、建築業、不動産業、保険代理店などでも同じであり、当たり前のことである。しかし、かつての弁護士に「収入の安定した職業」や「エリート」のイメージがあったために、このような勘違いが生じやすい。

2020年に始まった「コロナショック」は、資金力のある企業・資産家と、そうではない中小企業・零細事業者・一般市民の格差をいっそう拡大させた。社会の格差の拡大は弁護士の格差を拡大させる。

欧米では多くの法曹資格（弁護士の資格）者が企業や役所などで働き、たとえば警察署長になるには法曹資格が要求される国もある。しかし、日本では、そのようなシステムがなく、ひとたび弁護士になると死ぬまで開業弁護士をする者が多い。開業弁護士の仕事に固執し、「弁護士を廃業すれば、自分の人生は終わりだ」と考える弁護士が多い。弁護士の数が急増すれば、仕事が減るのは当たり前だが、開業弁護士をやめる弁護士は少ない。その結果、無理を重ねて預かり金の一時的流用や弁護士費用の過大請求などが起きやすい。

## 少額紛争と弁護過誤

近年、弁護士の数が大幅に増えたため、弁護士と弁護士会は「事件の掘り起こし」に熱心である。「事件の掘り起こし」は、もっぱら一般の市民に向けられるが、一般の市民の抱える紛争の多くが少額紛争である。ここでいう少額紛争（少額事件）は、訴額（紛争の対象額）がおおむね100万円以下の紛争をさしている。少額紛争ではトラブルや弁護過誤が生じやすい。

ヨーロッパでは弁護士保険が普及しており、弁護士保険に加入していれば訴額の大小に関係なく弁護士への依頼が可能である。ドイツやイギリスでは国民の約50パーセントが弁護士保険に加入している。

アメリカでは、請求額の少ない事件は、裁判所がdocument preparerという助言者を無料で付け、弁護士の代理が認められていない（『現代アメリカの司法』浅香吉幹、東京大学出版会、1999、169頁、『アメリカの危ないロイヤーたち』前出、143頁）。アメリカでは、弁護士をつけても採算がとれない事件では無理に弁護士をつけない。これは合理的な考え方だ。アメリカでは、少額事件の助言をしただけで、請求額の半分の金額を弁護士費用として請求した弁護士が懲戒処分を受けたケースがある。

日本では少額事件が弁護士の「事件の掘り起こし」の対象になっている。日本では、弁護士保険の加入者が少ないため、少額事件では弁護士費用をめぐるトラブルが絶えない。弁護士が、少額事件で時間と労力に見合った弁護士費用を請求すると、裁判で勝っても裁判で得た金額がほとんど弁護士費用に消えることが多い。そのため「過大な弁護士報酬」として懲戒処分の対象になることがある。

そこで弁護士は、少額事件の弁護士費用の額を低く抑え、事件処理にできるだけ時間と労力をかけないようにしようとする。少額事件では、弁護士は調査に時間をかけず、依頼者との打ち合わせの時間を減らし、裁判の早期解決をめざすことが多い。少額事件で審理の早い段階で和解を成立させることも、弁護士が時間と労力を節約する方法のひとつだ。しかし、これらは、依頼者から見れば弁護士の「手抜き」に見えやすい。また少額訴訟では、弁護士が時間と労力を省くことから生じるミスを冒しやすい。賢明な弁護士は、そのようなトラブルを回避するために少額事件の受任を断ることが多く、市民から「弁護士に引き受けてもらえない」という苦情が出やすい。

時々、弁護士が少額事件でも経済的採算を無視して多くの時間と労力をつぎ込むことがあるが、その多くは、社会的な事件である。社会的に重要な事件の多くは弁護士のボランティア的活動によって担われ、弁護士は経済的採算を度外視して受任する。しかし、ほとんどの少額事件はそのような事件ではない。

収入の少ない人は、法テラスの司法支援制度を利用できるが、少額事件は法テラスが立て替える弁護士費用の金額が低額なので、この場合でも上記の問題が生じ、弁護士、依頼者、法テラスの間のトラブルが多い。また、法テラスを利用する市民は、法テラスに弁護士費用を返還しなければならず、所得の少ない市民にとって法テラスへの返還は負担が大きい。少額事件では、法テラスが立て替える弁護士費用の金額は、弁護士には「安すぎ」、所得の少ない市民には「高すぎる」。これは、要するに制度が悪いということである。

少額事件に弁護士をつけやすいシステムのない日本では、今後も、少額事件は市民の不満と弁護士の不満と弁護過誤の温床であり続けるだろう。

## 弁護士のうっかりミス

弁護士の単純なうっかりミスから生じる弁護過誤は非常に多い。ミスを冒しても、大きな損害が生じなければミスとして意識されにくいが、勘違いによって大きな損害が生じれば、ミスとして自覚される。弁護士が裁判で書面の提出期限を忘れることは多いが、通常、それによって大きな損害は生じない。しかし、控訴状の提出期限や時効援用の期間を勘違いすれば、弁護士に損害賠償責任が生じる。これは重大な弁護過誤である。

弁護士のうっかりミスで申立書を提出する裁判所を間違えることがある。この場合には、「管轄違い」の申立であり、裁判所は申立書を弁護士に返還する。私も若い頃、この種のミスを犯したことがある。弁護士は申立書を正しい管轄の裁判所に提出し直すことになるが、通常はこれによって依頼者に損害が生じることはない。

しかし、控訴申立書を提出する裁判所を間違えれば、それによって控訴期間を徒過することがあり、重大なミスになる。控訴は1審判決に対する不服申立である。控訴期間は2週間であり、これを過ぎると控訴できない。地方裁判所の1審判決に対する控訴は、高等裁判所宛の控訴申立書を地方裁判所に提出する方法で行う。控訴申立書の宛名を「○○高等裁判所」とし、それを原審の地方裁判所に提出するのである。控訴申立書を高等裁判所に提出したのでは受理されない。

ある時、私は、高等裁判所への控訴申立書を作成し、事務員にこれを郵送するように指示した。普段、重要な郵便については、事務員が書いた封筒の宛名を私が確認している。郵便物の宛名の書き間違いを防ぐためだ。しかしその時は、私は他の仕事で忙しかったので、封筒の宛名の確認をしなかった。その少し前にも、別の事件で控訴をしたことがあるので、私は事務員が慣れていると思っていた。

事務員が控訴申立書を書留郵便で出した後、私は嫌な予感がしたので、事務員に「控訴申立書は○○地方裁判所に出したよね?」と尋ねたら、事務員は何と、「申立書の宛名が高等裁判所だったので、高等裁判所に送りました」と言うではないか。すぐに事務員を郵便局に走らせ、まだその書留郵便が郵便局にあったので、郵便物の送り先を地方裁判所に書き換えることができ、事なきを得た。

もし、宛名の記載ミスに気づかなければ、控訴期間内に控訴申立書を地方裁判所に提出することができなかっただろう。その場合には、弁護士が控訴を怠ったとして弁護士に損害賠償責任が生じる。それを考えると、今でも悪夢に出てきそうだ。この場合の損害賠償額の算定は難しいが、数千万円単位になった可能性がある。弁護士の控訴申立期間徒過は懲戒処分の対象になる。

手続上の期間を徒過するケースは非常に多い。控訴申立期間の徒過、控訴理由書の提出期間の徒過、上告申立期間の徒過、上告理由書の提出期間の徒過、抗告期間の徒過などの例は多い。控訴してから50日以内に控訴理由書を提出しなければならないが、裁判所から「○○日までに控訴理由書を出してください」という連絡は来ない。弁護士は自分で50日以内の期限を日数計算し、覚えておく必要がある。50日という期間は、弁護士が「書面作成はもう少し後にとりかかればよい」と考えて油断しやすい期間である。また、刑事裁判の場合には、裁判所から控訴趣意書の提出期限の連絡が来るので、それと混同しやすい。

刑事裁判の実績のある高名な弁護士が、ある冤罪事件の弁護団の代表をしていた。この事件の上告事件で、上告理由書の提出期間を見過ごしたために、上告が棄却されたことがある。これはその弁護士が多忙だったために上告理由書の提出期限の書いてある裁判所からの通知書が他の書類の間に紛れ込み、期限を失念したものらしい。この刑事裁判は当時、マスコミが冤罪事件として注目している事件だったので、期限徒過による上告棄却をマスコミが大きく報道した。その弁護士は自分のミスに大きなショックを受け、責任をとって弁護士を廃業した。

一般の人は、「少しくらい期限が過ぎても大目に見てもらえる」と考える人が多いが、裁判所はそうではない。深夜、午前0時の期限を少しでも過ぎればダメである。裁判所の窓口では、24時間裁判所の職員が待機して受付を行っている。

私は、期限のある書面については、それを書いたメモを机の上に置いているが、事務員が部屋を掃除する時にそのメモの置いてある場所を移動させることがある。メモが目につきにくい場所に移動すると、メモは「ない」のと同じである。

また、弁護士は同時に20件くらいの事件を同時進行で処理しており、机の上で開いた書類を片付ける際に、机の上に置いてある他の事件の資料を一緒に事件記録に入れてしまうことがある。異なる事件の電話が3、4件立て続けにかかってくると、それぞれの事件記録を机の上に広げるので、資料の混入が生じやすい。一つのことに注意を向ければ、他のことへの注意がおろそかになりやすい。これは心理学で「注意の選択性」と呼ばれている。私は、紛失した書類を探して他の事件の記録30件分をひっくり返し、何時間もかけて行方不明の書類を見つけた経験が何回もある。契約書、借用証、手形、遺言書などの重要な書類の紛失は致命的である。

依頼者からの聞き間違いも多い。私には20人分の紛争の物語をすべて記憶するだけの記憶力がない。メモをとるが、物語の細部をすべてメモできない。離婚事件では、似たような事件の物語があり、それらを何件も聞くと混同しやすい。混同することは弁護士のミスである。

うっかりと消滅時効期間が過ぎてしまうケースは多い。不法行為に基づく損害賠償請求の消滅時効期間は従来3年であり（今後は3年または5年）、保険請求の期間は多くの場合2年である。弁護士が受任して3年間事件を放置するのではなく、事故や事件から2年以上経過してから弁護士への依頼がなされることがある。相手方に請求書を送って回答を待っている間に、事故や事件から3年が経過してしまうことがある。

法律相談などで、既に消滅時効が完成していることを弁護士が見落として、「請求できます」と回答すれば、弁護過誤である。

裁判などで消滅時効が完成しているケースで、弁護士がうっかりと消滅時効の主張をすることを失念することがある。原告が当初、債務不履行に基づく損害賠償請求をしていたが、裁判の途中で、債務不履行に基づく損害賠償請求を不法行為に基づく請求に変更する場合がある。債務不履行に基づく損害賠償請求の消滅時効期間（従来は10年）は徒過していないが、不法行為に基づく消滅時効期間（従来は3年）は徒過しているという場合がある。このような場合に、被告が消滅時効の主張を追加することを失念することが起きやすい。これは弁護過誤である。

私は他の弁護士から、手形訴訟に関して次のような失敗談を聞いたことがある。手形訴訟は、手形に基づく請求事件であり、手形の原本を裁判所に提示する必要がある。その弁護士は、手形のコピーを裁判所に提出していたが、裁判官から「次回の裁判期日に手形の原本を見せてください」と言われていた。その弁護士は、事務所内で預かった手形の原本を探したが、いくら探しても手形が見つからなかった。その弁護士は、依頼者から預かった手形の原本を紛失してしまったのだ。

手形訴訟では、手形の原本がなければ裁判は請求棄却になる。弁護士が手形の原本を紛失することは重大なミスであり、弁護士に損害賠償責任が生じる。その弁護士は、裁判官から手形の原本の提示を求められる度に、「すみません。持って来るのを忘れました」と述べて、その場をごまかしたのだった。そのようなことを裁判期日に何度か繰り返すうちに、裁判の相手方との間で裁判外の話し合いで解決したそうだ。裁判で判決をもらう代わりに、請求額を減額して早期に紛争を解決したのだった。弁護士が手形を紛失すれば、弁護士は損害賠償責任を負い、弁護士会から懲戒処分を受けるが、それが発覚することなく事件が終了したのだ。

時々、弁護士が数年間、受任した事件を放置して弁護士会から懲戒処分を受けるケースがある。これは、期限のない事件や難しい事件の場合が多い。弁護士は難しい事件の処理を後回しにしがちであり、数年間も事件処理を放置することが起きやすい。

交通事故の損害賠償請求の裁判で、自賠責保険からの支払いがあったことを忘れて和解をしたケースがある（『弁護士賠償責任保険重要事例集』全国弁護士協同組合連合会編、2004、26頁）。自賠責保険から支払いがなされていれば、当然、その金額は損害賠償額から控除し、その残額に関して和解をすべきだが、それを失念して和解をすれば、加害者の代理人弁護士の弁護過誤である。

このようなうっかりミスの例をあげればキリがない。うっかりミスのうち重大なミスは隠しようがないので、バレやすい。その場合には弁護士は依頼者に謝罪し、弁護士賠償責任保険から損害賠償金の支払いがなされることが多い。しかし、弁護士の小さなミスはバレないことが多い。

## 弁護士の知識不足・経験不足

経験不足の弁護士や勉強不足の弁護士は、知識、経験不足からミスを冒しやすい。弁護士になって間がない新人弁護士が自治体の法律相談会で、合意した賃料であっても証拠がなければ支払わないという方法があるというアドバイスをした。それに従った相談者が賃貸人から賃貸借契約を解除されて、6000万円以上の損害が生じたケースがある。しかし、裁判所は弁護士の責任を否定した（東京地裁昭和57年5月10日判決）。この弁護士が間違ったアドバイスをしたことは明らかな弁護過誤だが、裁判官は、この若い弁護士に同情したのかもしれない。

弁護士が法律相談時に間違ったアドバイスをするケースは多い。弁護士は、書面を書く場合にはひどく慎重になるが、口で説明をする場合にはいい加減な説明をすることがある。しかし、弁護士が口頭で間違ったアドバイスをしても、その録音などの証拠がなければ、弁護士の責任が否定されることが多い。

経験の少ない弁護士は、「不十分なアドバイス」や「不適切なアドバイス」をしやすい。話し合いで解決すべきケースでも、「裁判をした方がよい」とアドバイスする弁護士が多い。弁護士にとって交渉は面倒であり、裁判の方が報酬をもらいやすいからである。

しかし、解雇されたケースでは、解雇無効の裁判をすれば、裁判に費用、時間、労力がかかり、何年も事実上、再就職できず、生活に困窮することがある。「裁判が可能である」というアドバイスは間違っていなくても、弁護士は裁判のメリットやデメリットも合わせて説明をする必要がある。

親が学校を相手に裁判をすることが、子供の不登校や非行を招くことがある。子供の気持ちを無視したアドバイスは、子供に不利益をもたらしやすい。弁護士の「裁判をすればよい」というアドバイスは、往々にして法律の理屈に基づく無責任な発言になりやすい。これは弁護過誤と紙一重である。

弁護士の「裁判をすればよい」というアドバイスに基づいて裁判をして勝訴判決を得ても、貸金や損害賠償金を1円も回収できないことがある。判決に基づいて家などを競売にかけるには、50~60万円以上の金を裁判所に納付する必要がある。地域によって、競売をしても物件が売れないことがある。依頼者が1円も回収できなくても、弁護士は、「それは仕方ないですね」と言うだけである。これは無責任であり、弁護過誤と紙一重である。

依頼者は弁護士に「紛争の解決」を依頼するが、弁護士は、交渉、調停、裁判などの個々の手続きが終了すれば、仕事が終わったと考えやすい。判決を得ても解決できない紛争は多い。弁護士はそのようなリスクについて事前に依頼者にきちんと説明しなければ、弁護過誤になる。ところが、経験の少ない弁護士は、相談時に紛争解決の見通しがよくわからないので、見通しやリスクを見誤ることが少なくない。弁護士の紛争解決の見通しやリスクを無視したアドバイスは弁護過誤になりうる。前記の自治体の法律相談会での新人弁護士の間違ったアドバイスのケースもその例である。

経験のある弁護士でも、不慣れな分野の仕事では、知識不足、経験不足によるミスを冒しやすい。弁護士は行政法令に詳しくないため、その分野でのミスが多い。税法、著作権法、特許法、廃棄物処理法、土地開発、ほ場整備、自然公園法、文化財保護法、漁業法、農地法、危険物規制法、消防法、旅行業法などの法律が関係する相談では、弁護士が関係法規に詳しくなければ、間違ったアドバイスをすることがある。

公務員に対する懲戒処分の取消を求める裁判では、弁護士が裁判の相手（被告）を間違えて訴えることがある。そのようなケースで弁護士の損害賠償責任が認められたケースがある（『弁護士賠償責任保険重要事例集』前出、19頁）。

手形の一部を空欄にした手形を白地手形と言うが、白地手形が取引で使われることは多い。この白地部分を記載しなければ完成した手形としての効力がないので、相談を受けた弁護士がその点を相談者にアドバイスをしなければ弁護過誤である（広島地裁平成7年7月17日判決）。弁護士賠償責任保険の事例集にも、同様のケースが載っている（『弁護士賠償責任保険重要事例集』前出、20頁）。

裁判で判決を得ても移転登記ができないことがある。たとえば、明治の初期の戸籍謄本の欠落により江戸時代末期の相続関係が不明の場合がある。そのような土地を時効取得に基づいて移転登記を命じる判決が出ても、法務局で移転登記できないことがある。判決理由中に、「他に相続人がいない」ことが記載されていれば法務局が受理するようだが、法務局がその点を弁護士に教示するとは限らない。この点を知らない弁護士は多い。

破産事件では、租税債権や労働債権には財団債権と優先債権がある。労働者健康安全機構が労働債権の立替払いをした場合には、立替金を財団債権部分と優先債権部分に区別する必要があり、非常に煩雑な計算が必要になる。これらの区分と計算を間違えれば弁護過誤である。

裁判上の和解で土地を分割したが、その中に農地が含まれており、農地法上の許可が得られなかったために移転登記ができなかったケースがある。農地法により、農地の移転登記をするには農業委員会の許可が必要であり、農業委員会は、一定の要件を満たさなければ農地の移転を許可しない。農地を譲渡する者が農地を宅地や雑種地に転用して譲渡する場合には、農地の転用許可を得れば足り、農地移転の許可は不用である。農地の転用許可は農地移転の許可よりも得やすい。和解調書に農地の転用許可の申請に関する記載が必要だったが、それがなかった。これは弁護士のミスである。

この事件は当初遺産分割の調停、審判によって土地が共有となった後に、共有物分割訴訟が起こされ、その中で土地の分割に関する合意が成立したという経緯があった。遺産分割には農地法の適用がないが、共有物の分割には農地法が適用される。そのため、代理人弁護士が和解時に農地法の適用のあることを見落としたのだ。裁判官もその点に気づかなかった。

市街地にある農地なのでその農地は数千万円の価値があったが、農地を取得した当事者が登記できなければ売却できない。これは典型的な弁護過誤である。

## 弁護士の判断ミス

弁護士の判断ミスは多い。弁護士の単純ミス、知識・経験不足によるミスと判断ミスは関連することが多い。

弁護士の判断ミスが直ちに弁護過誤になるわけではない。弁護士の判断に裁量があり、裁量の範囲では違法ではない。その裁量の範囲を超えて、弁護士として一般的に要求される水準を逸脱する場合が違法になる。この点は、医師の診断や手術の巧拙と同じである。医者に診断や手術の上手・下手があるが、医師の一般的な水準を逸脱しない限り違法ではない。

「弁護士の一般的な水準」を逸脱する場合は、法律家の目から見て、「それは弁護士としてひどすぎる」という場合であり、それは弁護士には何となく感覚的にわかる。しかし、一般の市民にはその感覚がわからない。「一般的な水準」の内容は過去の多くの判例（裁判例）を見ればわかるが、法律の専門的知識のない一般の市民は判例を読んでも正確に理解することができない。

自分が依頼をした弁護士とは別の弁護士に相談をすれば、自分が依頼をした弁護士に判断ミスがあったかどうかがわかる。しかし、弁護士は、他の弁護士のミスを指摘することを嫌う。他の弁護士の判断ミスを指摘しても弁護士の収入につながらないことや、弁護士の業界が弁護士同士が互いにかばい合うムラ社会であることが影響するからだ。

裁判で弁護士にミスがあったかどうかは、弁護士が分厚い裁判記録を丹念に読んで検討しなければ判断できないが、その作業に何時間もかかる。時々、分厚い裁判の記録を持参して「弁護士のミスの有無を相談したい」と言う相談者がいるが、その人が持参した記録は裁判記録の一部であり、裁判記録をすべて検討するためには裁判所にある記録を謄写（コピーすること）して検討しなければならない。裁判所の記録を謄写するだけで、かなりの費用がかかる。裁判記録の検討に要する費用を事前に請求すると、検討の依頼を諦める相談者が多い。

仮に、弁護士に判断ミスがあったとしても、裁判で弁護士の損害賠償責任が認められるケースは少ない。弁護士に対する損害賠償請求の裁判を引き受ける弁護士が少ないのは、裁判に要する労力の割に勝訴率が低いからである。要するに、弁護士にとって「金にならない」ということである。もし、弁護過誤の裁判を簡単に引き受ける弁護士がいるとすれば、それは高額な着手金を得る目的であって、それ自体が弁護過誤になる可能性がある。

裁判で負けると、「弁護士のミスで負けた」と考える依頼者が少なくない。裁判の当事者は皆、「自分は正しい」と考えており、裁判に負けることは、弁護士の訴訟遂行上のミスか、裁判官が判断を間違えたかのいずれかだと考えやすい。

現実には、裁判の結論は証拠の有無によって決まり、「正しい」者が勝つとは限らない。弁護士のミスがあってもなくても、証拠がなければ裁判で負ける。裁判の多くは証拠の有無によって決まり、弁護士の活動の巧拙が判決の結論を左右しないことが多い。

しかし、証拠の優劣が微妙なケースでは、弁護士の活動のほんのちょっとした手違いや訴訟遂行上の弁護士のささいな判断ミスが判決の結論を左右することがある。私もそんな経験がある。勝てる可能性のあった裁判で負けることは、弁護士にとって大きなショックである。しかし、そのようなケースは多くなく、これまでに処理した約1500件の事件の中で10件程度のものだが、その事件処理の不手際の後悔は生涯忘れることはない。

訴訟遂行上の弁護士のミスは、手続の選択、裁判上の主張の選択や証拠の選択、裁判の進め方、和解の仕方など多岐にわたる。

貸金返還請求の裁判で原告の代理人になっていたところ、審理の途中で若い裁判官（判事補）が和解による解決を勧めたが、和解金の金額を合意できず和解が成立しなかった。私は、裁判官が借主が支払をする方向での和解を勧めたので原告勝訴の判決を予測していたが、判決は請求棄却だった。私は、「裁判官の態度に騙された」と思った。

日本の裁判では、裁判官が審理内容の心証に関係なく和解案を提示するためにこのような混乱が生じる。その裁判官は和解案を提示した後、判決文を書く時に審理結果に対する心証を180度変えたのか、あるいは、審理の結果の心証に「迷っていたために」和解を勧めたのかもしれない。このような結論が予測できれば、金額を下げて和解で合意すべきだったのであり、そのようにしなかったのは私の判断ミスである。この失敗を私は生涯忘れることはないだろう。

その請求棄却の判決に対し控訴すべき事案だったが、その依頼者は控訴しなかった。その人は資産家で金に困っておらず、90歳近い年齢だったので、何年もかかる裁判にウンザリしていたからである。

経験の少ない弁護士が、財産がほとんどない破産事件の破産管財人になり、否認権を行使したケースがある。担当裁判官は若い裁判官（判事補）であり、破産事件の経験がなかったので、破産管財人の否認権行使を認めた。破産者は破産管財人の否認権行使に納得せず、否認訴訟を起こした。もし、否認訴訟で最高裁まで争うことになれば、破産事件が何年もかかったあげく異時廃止（債権者への配当がないこと）で終わるというお粗末な結果になっただろう。破産管財人は早い段階で和解による解決をするか、否認権を行使しない選択をすべきだったが、それをしなかったのは破産管財人である弁護士と裁判官の判断ミスである（このケースでは訴訟中に破産者の勝訴に近い形で和解をした）。

冤罪事件、再審事件、国家賠償請求事件、行政訴訟などでは、熟練した弁護士と未熟な弁護士では判決の結果の違いが生じやすい。これらの裁判では、弁護士の能力や経験の違いが裁判に大きく影響する。

経験の少ない弁護士は知識不足、経験不足から判断ミスを冒しやすいが、経験のある弁護士も判断ミスを冒すことがある。

裁判の結論がどうなるか微妙なケースでは、弁護士の判断ミスが判決の結論を左右することがあるが、それは弁護士の裁量の範囲であることが多く、弁護士が損害賠償責任を負うことはほとんどない。

## 交渉における弁護過誤

紛争を早く、有利に解決するために、弁護士に交渉を依頼する人が多い。しかし、皮肉なことに、弁護士に交渉を依頼すると、かえって紛争の解決が難しくなることがある。弁護士が相手方に過大な要求をして交渉が決裂することが多い。紛争をすぐに裁判に持ち込みたがる弁護士が少なくない。弁護士にとって、裁判になった方が弁護士の仕事が増え、収入が増える。

交渉で解決できる事件を弁護士が意図的に裁判に持ち込んで弁護士費用を稼ぐことは、重大な弁護過誤である。しかし、そこまで露骨ではなくても、弁護士が「裁判をするぞ」という姿勢で強引な交渉をする結果として裁判になることが少なくない。本来、話し合いで解決可能な紛争が、弁護士に依頼したために話し合いで解決できず裁判になることがある。そして、裁判になってすぐに和解による話し合いで解決することがある。これでは裁判費用を弁護士に払うために裁判を起こしたようなものだ。私の経験では、東京や大阪などの大都市の弁護士は、交渉に熱心ではなく、交渉をすぐに打ち切って裁判に持ち込む傾向がある。

交通事故の損害賠償請求では、弁護士に依頼しても依頼しなくても、事故の過失割合が最初から決まっており、保険会社から保険金の支払いがなされる事件がある。そのようなケースでは弁護士に依頼する必要性が乏しいが、高齢の資産家などは弁護士に依頼することが多い。弁護士に依頼する必要がない事件でも、弁護士に依頼すれば、支払われる保険金の10パーセントを報酬としてとる弁護士がいる。そのような事件は弁護士にとって「おいしい事件」である。

自賠責保険の請求手続を行った弁護士が支払われた自賠責保険金の10パーセントを報酬としてとったケースで、過大な報酬であるとして弁護士会から懲戒処分を受けることがある。自賠責保険の請求手続を行うだけであれば弁護士の労力はそれほどかからない。自賠責保険の請求書に記入をして若干の添付書類をつけて送れば、あとは自賠責保険が支払額を計算して弁護士の口座に保険金を送金する。弁護士がそのような手続の代行をするだけで、支払保険金の10パーセントの報酬をとることは、明らかに過大な報酬である。

弁護士が多少の時間をかけて任意保険金の支払交渉をしたケースでも、支払保険金の10パーセントの報酬をとる弁護士が少なくない。死亡事故の場合には、損害賠償額が5000〜8000万円くらいになるので、その10パーセントは500〜800万円である。それが懲戒処分の対象になるかどうかはケースバイケースである。弁護士の労力がそれほどかかっていないケースで支払保険金額の10パーセントの報酬をとれば、弁護過誤になるだろう。

ある死亡交通事故の損害賠償請求の示談交渉で7000万円の保険金の当初の提示額に対し、私の交渉の結果、保険会社の提示額が8000万円に増えたケースでは、私は100万円の報酬をもらった。保険会社の提示額が私の交渉の結果1000万円増えたので、その10パーセントの100万円を報酬額にしたのである。しかし、このケースで、8000万円の10パーセントの800万円の報酬をとる弁護士がいないわけではない。それは懲戒処分の対象になる可能性が高い。

交渉の相手方に対する威圧や脅迫行動をする弁護士がいる。相手方の経営する会社の敷地内で拡声器で相手方に「金を払え」と叫んだ弁護士（懲戒処分を受けた）、交通事故の被害者が入院する病院に出向いて被害者の寝ている枕元で示談を迫った保険会社の代理人弁護士、電話や文書で相手方に対する暴言や威圧的言動をする弁護士、相手方の勤務先に葉書で請求する弁護士（葉書に書けば勤務先関係者に内容が知られる）、相手方の近隣住民に文書を送る弁護士（これは名誉毀損行為である）、債務者の自宅に押しかける弁護士、紛争の相手方を怒鳴るなどの威圧的行動をする弁護士などがいる。

これらは、紛争を依頼者に有利に解決して報酬を得ることが弁護士の行動の動機であるが、弁護士の偏った人格も関係している。

以前、自動車で1時間くらいかかる交渉の相手方に、「○月○日の午後6時に私の事務所に来い」という一方的な通知を出した弁護士がいた。その相手方は都合が悪かったので、その日時に弁護士の事務所に行かなかったところ、その弁護士は、「なぜ来なかったのか」と激怒したそうだ。私はその人から苦情の相談を受けた。その弁護士は、「弁護士過疎地で活躍する弁護士」として日弁連が支援していた弁護士だった。弁護士の中に、相手を威圧、攻撃して従わせることを交渉だと考える者が少なくない。人格的に偏った者がたまたま弁護士になったのか、弁護士になってから人格が偏ったのかわからないが、そのような弁護士がけっこういる。

都会の弁護士や若い弁護士は交渉による紛争の解決や調停による紛争の解決を嫌い、すぐに裁判を起こす傾向がある。これは、裁判を起こして弁護士費用を稼ぐためなのか、交渉に不慣れなためなのか。ペーパーテストで弁護士の資格を得れば、当然に交渉の能力が身につくわけではなく、交渉能力を身につけるには経験と努力が必要である。

## 調停における弁護過誤

調停は、裁判所の中で話し合いで紛争を解決する手続である。民事事件に関する民事調停と家事事件に関する家事調停がある。調停での合意内容を記載した書類（調停調書）には判決と同じ効力がある。

調停は裁判での和解（裁判上の和解）に似ているが、大きく違う点は、裁判での和解は裁判官が行うが、調停は主として調停委員が行う点である。ほとんどの場合、裁判官は調停での話し合いに同席しない。裁判官が調停に同席しないのは、裁判官は多くの事件を抱えていて忙しいからである。

調停委員は裁判官ではなく民間人である。調停委員には、弁護士、元公務員、元教師、元銀行員、商工団体・婦人団体・福祉団体などの推薦を受けた人などさまざまな民間人が就任する。東京などの大都市では多くの弁護士が調停委員になっているが、地方では調停委員の多くが法律の素人である。弁護士が調停委員を務める場合でも、その調停委員は弁護士として仕事をするわけではなく、あくまで調停委員という非常勤の公務員として仕事をする。したがって、調停における弁護過誤は、調停委員を務める弁護士の過誤ではなく、調停当事者の代理人を務める弁護士の過誤の問題である。

弁護士以外の調停委員の中には法律の知識のまったくない調停委員がいる。過失の有無と過失割合の違いを理解していない調停委員、離婚調停の席で、「亭主の浮気のひとつや二つは大目に見てあげなさいよ」と言った調停委員、「あなたはそんなに太っているのだから、これくらいの金は払えるでしょ」と言った調停委員、「調停を申し立てた以上、請求額を減額しなさい」と頭ごなしに言う調停委員などがいる。

日本の調停制度はもともと、「法律によらずに素人の考えに基づいた紛争の解決」をめざした歴史があり、裁判所の中で法律の素人に紛争を解決させる、世界でも特異な制度である。

多くの市民は、自分が現実に裁判や調停の当事者になるまで「裁判所は自分とは関係がない」と考える。ほとんどの市民にとって、裁判や調停の当事者になるのは、一生の間に1回あるかないかなので関心が低い。不運にも裁判や調停の当事者になると、調停室という密室の中で、法律の素人の調停委員が法律を無視した解決を迫り、驚くことの連続である。すぐれた調停委員もいるがレベルの低い調停委員もおり、調停委員の当たりはずれが大きい。調停委員は玉石混淆である。

このような調停の実態のもとでは、弁護士が調停当事者の代理人にならなければ、当事者の権利の保護が十分にできないが、現実には、弁護士が代理人につかない調停事件が圧倒的に多い。

私は20年以上の間、民事調停委員と家事調停委員を務めたが、調停委員の言いなりになる当事者、法律を理解していない調停委員、当事者を威圧して強引に合意させようとする調停委員、当事者の一方の味方をする調停委員などを見てきた。

日本の調停には問題が多いが、裁判所は、日本の調停制度を世界に類のない制度として絶賛している。調停は裁判所の仕事を減らしてくれるので、多忙な裁判所にとってありがたい制度なのだ。国民の司法に対する無関心が、裁判所に都合のよい日本特有の調停制度を根づかせた。

国民だけでなく弁護士も調停に無関心な傾向がある。調停はやたらと時間がかかる割に（1回の調停期日で2、3時間かかる）弁護士費用の金額が高くないので、弁護士は調停を嫌い、裁判に持ち込みたがる傾向がある。家事事件では、いきなり裁判を起こすことができず必ず調停を経ることが必要とされている（調停前置主義）が、民事事件では、調停をすることなく裁判をする弁護士が多い。

調停における弁護過誤としては、弁護士が弁護士費用を稼ぐために意図的に調停を打ち切って裁判に持ち込むケースや、弁護士が調停で依頼者の意思を無視して強引に調停を成立させるケース、調停における過大な報酬請求、弁護士が着手金を得るために無意味な調停申立をするケースなどがある。これらの多くは、次項で述べる裁判における和解での弁護過誤と共通する。

## 和解における弁護過誤

裁判上の和解とは、裁判の中で話し合いで紛争を解決することをいう。和解での合意内容を記載した書類（和解調書）には判決と同じ効力がある。日本の裁判の約4割が和解で解決しており、この割合は裁判が判決で終わる割合に近い。判決の内容は裁判官が決めるが、和解の内容は当事者の合意で決まるので、弁護士が果たす役割が大きい。

弁護士が和解時に依頼者の意思を無視することは違法であり、それは弁護過誤である。しかし、弁護士はしばしば依頼者を「強く」説得して強引に和解を成立させ、依頼者から「弁護士が無断で和解をした」という苦情が出ることが多い。

法律の専門家である弁護士と法律を知らない依頼者の関係は、対等ではない。弁護士が依頼者に、「それは裁判所に通用しない」などと言えば、依頼者は反論できなくなる。弁護士―依頼者の関係が支配―服従の関係であれば、そこには依頼者の自由意思がないと言ってもよい。

日本の裁判では、弁護士だけでなく、裁判官もしばしば当事者に強引な説得を行う。私の経験では、「この和解案を呑まないことは、許しませんよ」と言って当事者に和解を迫る裁判官、「なぜ、この程度のことが呑めないのですか」と言って怒る裁判官、和解に応じない弁護士（私のことだが）を「無責任である」と言って激しく非難する裁判官などがいた。多くの弁護士は裁判官の意向を汲んで依頼者を強引に説得する。

日本の裁判官は和解に熱心であり、その熱心さは異常だと言ってもよい。裁判で和解が成立すれば裁判官は判決を書く手間が省ける。日本の裁判の判決文は世界一詳細だと言われており、判決文を書く裁判官の負担が大きい。そのため、裁判官ができるだけ判決文を書きたくないと考えるのも無理はない。判決文の詳細さが内容のあるものであればよいのだが、往々にして形式的な記述を長々と書いただけの中身のない判決が多い（特に若い裁判官にこの傾向がある）。

他方で、私の依頼者（裁判の当事者）の話を2時間聞いて説得し、私の依頼者が後で私に、「あの裁判官はすばらしい人だ」と述べた裁判官がいた。その裁判官は事件の処理が遅く、50代で家庭裁判所の裁判官に転任した。50代で家庭裁判所のヒラの裁判官を務めるというのは、裁判官の昇進コースから完全に外れている。

欧米の裁判でも和解は多いが、そこでは審理内容に基づいて裁判官が積極的に心証を開示し、判決に近い内容を和解案として当事者に提示する。そのため和解案の内容は判決に近い内容になる。

しかし、日本の裁判では、そうではない場合が多い。裁判官が和解時に被告に熱心に支払を勧めていたのに、判決は、「被告の支払義務なし」というケースが少なくない。そのような場合には、「あの和解案は何だったのだろうか」、「裁判官の言動に騙された」と思うことが多い。あるいは、裁判官が200万円を支払う内容の和解案を提示したケースで、判決が400万円の支払を命じる判決になることは珍しくない。そのような場合には、原告は「和解しなくてよかった。あやうく裁判官に騙されるところだった」などと考える。

日本ではたとえば、裁判官が原告に、「判決になれば請求額が大幅に減る可能性があるので、200万円を受け取ることで和解したらどうですか」と言い、被告には、「判決になればかなりの金額を支払わなければならない可能性があるので、200万円を支払う内容で和解したらどうですか」と言う。心証を玉虫色にし、原告と被告に対する言い方を変え、当事者の不安をかき立てることで和解をまとめようとする裁判官が少なくない。調停でも同様のやり方をする調停委員が多いが、これは不公正で欺瞞的なやり方だ。

裁判の審理が始まる前に和解協議がなされる場合さえあり、これでは当事者にとって何のために裁判を起こしたのかわからない。

「裁判が長引けば、弁護士費用がもっとかかりますよ」と言い、高額な弁護士費用を和解の説得の材料に使う裁判官や弁護士さえいる。あるいは、「判決を得るためには鑑定費用を50～100万円くらい払わなければならない」、「判決をもらっても支払われるかどうかわかりませんよ」と述べて和解を迫る裁判官や弁護士がいる。これは司法制度を否定するようなものだ。これでは、市民が司法を信頼しないのは当然である。

欧米の裁判と日本の裁判では、同じ「和解」という言葉を使っても、それが意味するものがまったく異なる。ドイツでは、日本のような和解のやり方は公正さを疑わせ、いかがわしい和解方法だとされている。また、日本の裁判官は、ドイツの裁判官の和解での諦めの早さに呆れる（『和解技術論』（第2版）草野芳郎、新山社、2003、36頁、40頁）。デンマークでは、裁判官が提示する和解案の内容は判決主文とほとんど同じ内容である（『北欧法律事情』前出、149頁）。

日本では、裁判官が当事者と話をせず、弁護士だけと和解の話をすることが多い。「弁護士を説得すれば当事者が和解に応じる」と考える裁判官が少なくない。日本では、裁判官の意向をくんで依頼者を強引に説得する弁護士がけっこういる。中には、裁判官に頭が上がらず、裁判官の言いなりになる弁護士がいる。これでは弁護士は、まるで裁判官の家僕もしくは裁判官の代理人のようなものだ。

依頼者から見れば、自分が依頼した弁護士が裁判官と2人だけで密室で協議をした後に、突然、裁判所が示した和解を呑むように強く説得するのに驚くことがある。依頼者の目には、自分が依頼した弁護士の言う内容が、裁判官と協議後に豹変したと感じ、「弁護士が裁判所や相手方に買収されたのではないか」という不信感を持ちやすい。
「弁護士が相手方に買収された」という苦情は非常に多い。弁護士はこのような苦情を一笑に付す。実際に弁護士が相手方に買収されることはほとんどない。なぜなら、弁護士は買収されるよりも依頼者から高額な報酬をもらった方がよほど得だからである。弁護士は、得にならないことはしない。

しかし、日本の和解の不明朗な手続や、弁護士が弁護士会というムラ社会の中で同業者としての結びつきが強いので、弁護士同士が「グルになっているのではないか」と疑う市民がいてもおかしくない。

問題は日本の裁判の和解手続の不明朗さと不公正さにある。このような和解の実態のもとでは、公正な和解ができるかどうかは弁護士次第である。日本の和解手続に多くの問題があっても、弁護士が適切に行動すれば、公正な和解を実現できる。しかし、裁判官の言いなりになる弁護士や依頼者の意向を無視する弁護士は、依頼者から公正な裁判を受ける機会を奪う。

弁護士が、依頼者の意向に反する和解内容を「強引に説得する」ことは、弁護過誤になりやすい。弁護士が早く報酬を得ようとして強引に和解を進めることも弁護過誤である。これらが弁護過誤として露呈するのはほんの一部であり、曖昧模糊、魑魅魍魎の日本型和解手続の中で弁護士の違法行為が隠蔽されやすい。

判決では弁護士が報酬をとりにくいが、和解では確実に弁護士に報酬が入る場合に弁護士が俄然として和解に熱心になることがある。建物明け渡し請求の被告事件では、被告が請求棄却の勝訴判決を得ても、被告に預貯金がなければ弁護士が報酬をとりにくいが、被告が立退料をもらって建物を明け渡す内容の和解が成立すれば、弁護士が報酬をとりやすい。通常、弁護士は相手方が支払う立退料を弁護士の銀行口座に振り込ませ、弁護士が確実に報酬を得ることができるようにする。

弁護士が、和解で報酬を得ることを優先させることは、依頼者の利益を実現すべき義務に違反し、弁護過誤である。しかし、その点の証明は難しい。事務員を何人も雇用する法律事務所では、年末になると事務員にボーナスを支払わなければならないので「和解を急ぐ」という話を聞くことがある。

弁護士が依頼者を強く説得して和解を成立させたのに、相手方が和解内容を履行しない場合には、依頼者が弁護士に不信感を持ちやすい。弁護士は、和解をする場合には、それが履行されない場合のリスクを依頼者に説明をする必要がある。

裁判の和解で合意し建物の立退料の支払がなされなかったケースで、裁判所は、弁護士が立退料を支払う相手方の財産状況を調べる義務を怠ったとして、弁護士の過失を認めた（東京地裁平成7年2月22日判決）。これは立退料4000万円のケースで弁護士が報酬500万円を請求しており、弁護士の報酬額が高すぎたことが紛争の背景にある。和解内容が履行されないリスクがある場合には、弁護士は和解ではなく判決を選択した方がよい。判決の場合には、判決内容が履行されなかったとしても弁護士に責任はないが、和解した場合には、依頼者から「弁護士が強く勧めたから和解したのに、和解内容が履行されないのは弁護士の責任である」という不満が出やすい。

## 依頼者の意思に反する弁護士の行動

「弁護士が無断で事件処理をした」という弁護士に対する苦情は非常に多い。

弁護士が依頼者の意思に反する事件処理をすることは違法であり、弁護過誤である。しかし、文書や録音などの証拠がなければ、弁護士の違法行為の証明が難しい。

弁護士は依頼者から金をもらって事件処理を受任しており、依頼者の意思に基づいて行動すべき義務があるが、同時に、弁護士は法律を無視する行動はできない。依頼者の主張が法律に照らして成り立たない場合には、弁護士は依頼者を説得し、それが無理であれば辞任するほかない。

弁護士が依頼者の意思を無視することが問題になるのは、交渉や裁判の方針決定や示談・調停・和解における合意内容の決定に関してである。弁護士は、依頼者の利益を実現するために行動しなければならないが、その場合の依頼者の利益を経済的な利益で考える。しかし、離婚や相続に関する紛争などでは、経済的な利益だけでなく、感情が大きく関係する。

弁護士が経済的な観点から依頼者の利益になると考えても、依頼者の感情からすれば満足できない場合がある。法律家は理屈でモノを考えるので、経済的な損得計算だけで考えることが習性になりやすく、依頼者の感情を「無意味である」として無視しやすい。また、依頼者の利益を経済的な利益で計算することが弁護士の報酬につながるので、弁護士が報酬を得るための思惑に基づいて依頼者の意思を無視することがある。依頼者の意思に反する弁護士の行為は弁護過誤になる。

弁護士の中には、「一般の市民が紛争の処理方針を決めるのは無理である」（市民にそのような能力がないということ）、「事件の処理方針や和解内容を決めるのは弁護士である」と断言する弁護士がいる。この弁護士は何人もの依頼者から損害賠償請求の裁判を起こされ、弁護士会から懲戒処分を受けた。このような弁護士は、最初から依頼者の意向を尊重する考えのない確信犯であり、弁護活動のすべてが弁護過誤になりうる。

悪徳弁護士の中には、依頼者（たいてい資産家である）に無断で裁判を起こし、和解や取り下げを繰り返し、多額の弁護士費用をとる弁護士がいる。

## 無意味な裁判をする弁護士

私の知人の弁護士が、高齢の資産家から、それまでに別の弁護士が行った訴訟活動の当否について調べてほしいという依頼を受けた。その資産家は別の弁護士に何件もの裁判を依頼して多額の弁護士費用を支払ってきた。しかし、それらの裁判の必要性や弁護士費用の額に疑問が湧き、私の知人の弁護士に調査を依頼したのだった。

調査の結果、高齢の資産家が依頼した裁判や申立の中に無意味なものが多く、無駄な弁護士費用に多額の金を使ったことがわかった。知人の弁護士は、それを調べるには膨大な量の裁判記録をすべて調べなければならず、時間がかかったそうだ。

裁判に関して弁護士に、「すべておまかせします」と言う人は多い。そのような依頼者から弁護士はさまざまな理由をつけて弁護士費用を取ることができる。たとえば、ほとんど争いのない紛争でも、弁護士が裁判を起こしてすぐに和解をすれば、裁判の着手金と報酬を取ることができる。調停で解決できる紛争について、何件もの裁判を起こせば、弁護士はそれぞれの裁判の着手金を得ることができる。

遠方の裁判所での裁判は電話会議システムを使えば裁判所に出頭する必要がないが、毎回、泊りがけで出張する弁護士（被告代理人）がいた。その弁護士（ボス弁）は、10分程度で終わる裁判でも、毎回、新米のイソ弁（勤務弁護士）を2人同行して裁判に出席した。裁判官が「次回の裁判は電話会議にされますか」と尋ねても、その弁護士は「いいえ、裁判所に来ます」と言うのが不思議だった。交通費、宿泊費込みで弁護士1人につき1回20万円を請求すれば、毎回、依頼者はその弁護士に60万円を支払う計算になる（イソ弁は給料制なので、出張費用はすべてボス弁に入る）。その裁判は十数回開催された。もちろん、裁判の着手金はそれとは別であり、被告は全国展開するマンモス大学なので、おそらく300万円くらいの着手金を支払ったのではないかと思われる。ちなみに私が依頼者（原告）からもらった着手金は30万円だった。

ジョン・グリシャムの小説の中に、アメリカのタイムチャージ制（紛争解決にかかる時間で報酬を決める方式）の弁護士が事件処理に要する時間数を増やす工夫をして、過大な報酬額を依頼者に請求する様子が描かれている。日本でも、程度の差はあるが、それと似た弁護士の行動がある。

弁護士が事務所の資金繰りに困れば、「本来、事件にならないような紛争」について無意味な裁判を起こすことがある。その場合には、弁護士がかなり高額な着手金をとる。当然、裁判では負けるが、弁護士に「高額な着手金」が入る。昔から、弁護士の業界に「着手金稼ぎ」という業界用語があった。

昔から、離婚の裁判を依頼者の意向に基づいて故意に引き延ばす弁護士や（離婚するまでの間の婚姻費用が入る）、刑事裁判の引き延ばしをして前刑の執行猶予期間の満了をねらう弁護士がいた（2度目の執行猶予が可能となる）。これらは、依頼者の意向に反する弁護士の行動ではなく、依頼者の意向に忠実な弁護士の行動であるが、いずれも懲戒処分の対象になりかねない行動である。日弁連の弁護士職務基本規程76条は、弁護士が不当な目的で裁判を遅延させることを禁止している。

弁護士は、依頼者がいくら「裁判をしてほしい」と言っても、勝訴の見込みがまったくなければ受任できない。裁判を起こす前に法的根拠や証拠を吟味して無意味な裁判を防ぐことは弁護士の基本的な倫理である。

2020年のアメリカ大統領選挙で、トランプの弁護士たちは選挙が不正だったとして多くの裁判を起こしたが、ほとんどの裁判で証拠を提出することができなかった。これは、不正選挙の確たる証拠がないにもかかわらず、弁護士が裁判を起こしたことを意味する。トランプの弁護士たちは、勝訴の見込みがないことを知りながら多くの裁判を起こした。たとえ、彼らが「勝訴の見込みがあった」と弁解しても、法律家の間では通用しない。彼らにはもはや弁護士としての倫理感がないようだ。

まったく証拠がないのに裁判を起こすこと――これは裁判制度の「パンドラの箱」である。そのような裁判は、社会に誤ったイメージを与え、裁判の相手方の信用失墜や精神的苦痛などの害悪をまき散らすことになる。今の社会では、マスメディアを使えば、提訴しただけで大きな影響力を行使することができる。トランプのように提訴を政治的に利用することも可能である。弁護士は、証拠がなくても簡単に裁判を起こせることをよく知っている。また、勝訴の見込みのない裁判でも、提訴するだけで大きな社会的影響をもたらすことが可能なことも知っている。それだからこそ、弁護士は受任時に証拠の有無を慎重に検討しなければならないのである。

日本でも、離婚事件などではさしたる根拠がないのに高額な慰藉料請求をする弁護士がいる。市民運動などを威圧するために裁判を悪用するスラップ訴訟が増えている。最近は、職場や友人間で人間関係が悪化しただけで、「慰藉料を請求したい」という相談をする人が多い。弁護士に「相手に立て替えた金の返還請求をしたい」という相談をするストーカーもいる。社会のあらゆる場面で「自分は正しい。裁判で不正を明らかにしたい」と訴える人が増えている。

従来、弁護士の倫理感が無意味な裁判を起こすことを防いでいたが、弁護士の増加に伴ってそれが稀薄になる傾向が生じている。

## 弁護過誤は多様である

弁護過誤を防止する観点から考えれば、弁護過誤は、①単純ミス、②判断ミス、③倫理過誤（倫理上の問題行動）に分類できる。この分類は一般的なものであり、『弁護士』（小島武司、学陽書房、1994、247頁）もこのように分類している。それぞれの形態に応じて、弁護過誤を防ぐための対処の仕方が異なる。

うっかりミスや判断ミスを冒すことは人間の習性である。弁護士も例外ではない。人間がミスを冒しやすいことを理解することが、弁護過誤を防ぐために必要である。「自分は絶対に失敗しない」と豪語する医師のテレビドラマが人気を博したが、そのような自信過剰な医師は危険であり、私は診察を受けたくない。科学的に言えば、ミスを冒す確率がゼロということはありえない。医師などの専門家は根拠のない自信を持ちやすいことが指摘されている（『不合理誰もまぬがれない思考の罠100』スチュアート・サザーランド、阪急コミュニケーションズ、2013、247頁）。専門家は専門的知識がある点で一般人と異なるが、ミスを冒しやすい人間の習性を専門家がまぬがれるわけではない。

災害時に、自分は失敗しないという過信が自分の命を失う結果につながりやすい（『新・人は皆「自分だけは死なない」と考えている』山村武彦、宝島社、2015）。医療、福祉、教育、介護、航空、運輸、自動車の運転、災害、スポーツ、観光、レジャー、登山、裁判などの場面では、「自分がいつミスを冒してもおかしくない」という不安を持つことが、事故を防ぐために必要である。

この点は弁護士も同じである。弁護士に限らず誰でも、日常生活や仕事でミスを簡単に冒す。朝、出勤時に電車に乗り遅れること、忘れ物、書類の記入漏れ、紛失、言い間違い、人や物の名前の勘違いなどは日常的に起きる。これらのミスを冒しても、それが直ちに損害をもたらすわけではないので、ミスとして意識されないことが多いが、そのようなインシデントの延長上に損害を伴うミスがある。

弁護士が電車内に鞄を置き忘れても、それ自体は弁護過誤ではない。しかし、その鞄の中に依頼者から預かった手形や遺言書が入っていれば、重大な弁護過誤である。書類の記載ミスが直ちに損害をもたらすわけではないが、弁護士が代理人として売買契約書を作成する際に、売買の金額や引き渡し日などを勘違いして記載すれば、弁護士に損害賠償責任が生じることがある。弁護士が裁判所に書面を提出することを忘れても、弁護士が裁判官に「すみません。忘れていました、次回の裁判期日に書面を提出します」と言えば、それで済んでしまうことが多い。それは弁護士のミスであるが、依頼者に不利益や損害が生じることが少ない。しかし、控訴状や控訴理由書などの提出を忘れれば、重大な弁護過誤であり、弁護士に損害賠償責任が生じる。

ミスには損害をもたらさないものもあれば損害をもたらす場合もあるが、損害をもたらすミスを防止するためには、日常的に起きる些細なミスを防ぐ工夫が必要である。

ハインリッヒの法則は、1件の重大な事故の背後に29件の小さな事故と３００件のインシデントがあると述べる。インシデントは事故に至らない出来事をさす。事故に至らない出来事を防ぐために対処することが、重大な事故を防ぐために必要である。

あるいは、「ヒヤリハット」に対処することが事故防止に必要だとも言われる。誰でも事故に至らないヒヤリハットした経験があり、それに対処することが必要である。たとえば、多くの弁護士は、依頼を受けた事件に関して、消滅時効が完成する時期が迫っていることにたまたま気づいてヒヤリとした経験を持っている。それがヒヤリハットである。そのようなヒヤリハットした経験を防止するための対策を立てることが、事故の防止につながる。

医療や運輸、製造の場面では、事故はシステムの欠陥から起きると考えられている（『組織事故』ジェームズ・リーズン、日科技連出版社、1999、『人は誰でも間違える』米国医療の質委員会、日本評論社、2000）。病院での医療ミスは、ミスをチェックする体制の欠如から起きることが多い。複数の人間がチェックする体制があれば、ミスを防止しやすい。航空機事故の発生も、機長、副機長、乗務員、整備員、管制官などの連携やチェックシステムの欠陥が大きく影響する。

弁護士の仕事でも、ミスの発生をシステムの観点から考えることが必要である。弁護士と事務員の連携がうまくいかなければ、あるいは事務所内の弁護士同士の連携がうまくいかなければ、ミスが起きやすい。

弁護士はイソ弁（勤務弁護士）を除き、それぞれが独立した自営業者であり、ひとりで仕事を行うことが多い。この点で病院、運輸、製造などのように組織的な事故防止のシステムがない。弁護士が、単純ミス、独断、不合理な思考、バイアスに陥った場合、自分で是正しにくい。単純なミスについては、法律事務所内で事務員がミスに気づきやすいシステムがあれば是正できる場合があるが、判断ミスの是正は事務員では無理である（事務員には判断ミスかどうかがわからない）。

重要な事件について弁護士が複数で受任すること、弁護団を作ること、弁護士の研究会や弁護士会の委員会での活動などは弁護士の独断、不合理な思考、バイアスに陥ることなどを回避するのに役立つ。弁護士の資料や記録の保管方法、事務員の研修、事務所内での事務員との連携、チェック体制などもミスを防止するシステムの一部である。

製造分野には、フェールセーフやフォールトトレランスの考え方がある（『よくわかるリスクアセスメント』向殿政男、中央労働災害協会、2003）。フェールセーフは、失敗しても安全であることをさし、フォールトトレランスは欠陥があってもそれに耐えられることを意味する。常に書類のコピーを2部作っておけば、1部を紛失した場合に対処できる。期限のある仕事については、期限を記した複数のメモを作成すること、文献調査をする際には必ず複数の文献に当たること、孫引きではなく必ず判例や文献の原典に当たることなどが必要である。

飛行機のパイロット、山岳ガイド、救急隊員、災害に遭遇した人などは、事故防止の判断を瞬時に行わなければならず、瞬発的な判断力が要求される。しかし、弁護士の場合、ミスの回避は時間をかけて行うことができる。弁護士は、事件記録や自分が書いた書面を何度も検討することが可能である。繰り返し検討するうちに、消滅時効の期限が迫っていることに気づいたり、消滅時効の主張の援用をしていないことに気づくことがある。検討に検討を重ねるという地道な努力がミスの防止につながる。

弁護士が判断ミスを防ぐうえでもっとも大切なことは、「自分の判断が間違っているかもしれない」という自戒である。この点は裁判官や検察官にも当てはまる。

しかし弁護士は、裁判などで自分の主張がすべて正しいというパフォーマンスをすることで成り立つ職業である。弁護士は、依頼者の前で自信のある振りをしなければ、営業が成り立たない。弁護士はそのようなパフォーマンスを繰り返す間に、自分の主張がすべて正しいと思い込んでしまいやすく、自信過剰になりやすい。弁護士は（というよりも法律家は）、「自分の判断が間違っているかもしれない」という考えを常に持ち続けることが必要である。

# 第9章　かしこい弁護士の選び方

## 弁護士の賢明な選択

かつて、弁護士の数が少なかった時代には、一般の市民が「弁護士を選ぶ」ことは考えられなかった。かつては、弁護士の広告が禁止されていたので、市民はどこに弁護士がいるのかすらわからなかった。そのような時代には、「自分の知り合いに弁護士がいる」ことを自慢する人が多く、知人の紹介で弁護士に相談をするのが通例だった。実際、紹介者がいなければ相談を受けない弁護士が多かった。その頃は、市民が弁護士を選ぶのではなく、弁護士が依頼者を選んでいた。

しかし、弁護士の数が増えた現在は、インターネットなどで探せば弁護士はどこにでもおり、誰でも弁護士に相談をすることができる。弁護士の方から派手な広告などで積極的に相談の勧誘を行っている。今では、人口数万人程度の地方の小都市でもたいてい弁護士がいる。また、「街の法律家」を自認する司法書士は、昔から人口5000人程度の小さな町で開業している。

このように弁護士（司法書士を含む）の数が増えれば、弁護士に依頼しやすくなるかと言えば、そうではない。今でも、弁護士に関心のない人は、すぐ近くに法律事務所があってもその存在に気づかない。そのため、地方在住者でも、テレビコマーシャルを見てわざわざ東京の弁護士に依頼する人がいる。「なぜ、わざわざ遠方の弁護士に依頼したのですか」と尋ねると、「弁護士を知らなかったからです」と返答する人が多い。

また、弁護士の数が増えれば、弁護士の選択に迷いやすくなる。一般に、人間は選択肢が多いほど選択に迷う（『選択の科学』前出）。これは、「ジャム理論」と呼ばれている。店に並んでいるジャムの種類が20も30もあれば誰でもジャムの選択に迷う。しかし、店に置いてあるジャムが4種類しかなければ、比較的簡単に自分の好みのジャムを選ぶことができる。

店の商品は種類が多いので、消費者は選択に迷いやすい。そのため消費者は、自分で考えて選択することを諦め、広告やテレビのコマーシャルなどで印象に残った商品を何となく選択することが多い。

弁護士の数が大幅に増え、弁護士の宣伝、広告が多い中で、「どの弁護士に依頼すればよいのかわからない」、「どれだけ弁護費用をとられるかわからない」などの不安を感じる人が多い。

このような不安から、知人などから弁護士の紹介を受けるか、あるいは深く考えることなく、派手な広告をしている弁護士に依頼する人が多い。両者に共通することは、いずれも「自分で考えて弁護士を選択していない」ということである。

知人から紹介を受けた弁護士であれば、何となく安心する人が多いが、弁護士を紹介する人は、その弁護士と面識があるだけで、弁護士の仕事の経験や能力について何も知らないことが多い。紹介者が紹介した弁護士に関して「責任」を負うわけではない。

過去に横領や詐欺などの不祥事を起こした弁護士のほとんどが、人の紹介を通して顧客を得ている。弁護過誤の被害を受けた人の書いた本が何冊も出版されているが、それらには、知人から紹介を受けた弁護士、企業の顧問弁護士、弁護士会の理事者経験者などが登場する。「銀行が紹介した弁護士を信用して失敗した」と言う人がいるが、銀行が紹介した保険や金融商品で失敗した消費者がたくさんいる。紹介を受けた弁護士に依頼することは、何も考えずに弁護士を選んでいると言ってよい。

最近は、弁護士が交友関係やコネ作りに非常に熱心であり、いろんな場所で弁護士の名刺を配っている。政治家と同じく、弁護士は名前を売ることに熱心だが、それだけでは弁護士の経験や能力はわからない。

開業医から紹介された病院で医療過誤が起きないということではない。大学病院での治療は、開業医の紹介状を通して行われることが多い。ある有名な大学病院では、未熟な若い医師の訓練として手術を行った結果、医療過誤が起きた。その大学病院は過去に何度も医療過誤事件を起こしている。規模の大きな法律事務所では、5、6人の弁護士が代理人になっていても、実際にはもっとも若い弁護士が担当することがある。規模の大きな法律事務所でも借金がないわけではなく、預り金の流用事件が起きている。

弁護士を賢明に選択するには、問題のある弁護士を避けること、信頼できる弁護士を選ぶことが必要である。問題のある弁護士を避けるためには、弁護士の問題行動の兆候を察知することが必要である。

借金のある弁護士や預金のない弁護士は要注意である。弁護士の売上は月による変動が大きいので、売上の少ない月には、事務員の給料の支払や自分の住宅ローンの支払いに困る弁護士がいる。預金がなければ、弁護士が預り金に手を出すことが簡単に起きてしまう。金に困っている弁護士は、高額の弁護士費用を請求し、あるいは、強引に和解を成立させて早く報酬を得ようとする可能性がある。しかし、自分の負債額や預金額を公表する弁護士はいない。

報酬契約の内容が非常に複雑でわかりにくい、報酬以外の名目でさまざまな金銭の請求をする、依頼者に金の支払いを急がせる、領収証を発行しない、強引に和解を進める、預り金の精算を遅らせる、事件処理の内容を報告しない、質問に対し丁寧に答えない、感情的になりやすい、やたらと威張る、熱心に事件の依頼を勧誘する、自分の経歴や能力を自慢する弁護士は、避けた方がよい。依頼者に金員の借用や保証人になることを頼む弁護士は問題外である。これは懲戒処分の対象になる（弁護士職務基本規程25条）。

さらに、信頼できる弁護士を選ぶためには、弁護士の経歴、過去の取扱事件、仕事に対する姿勢、考え方などを、できるだけ客観的な資料に基づいて判断する必要がある。最近は、ウェブサイトなどに弁護士に関する情報が載っているが、弁護士の広告、宣伝、顧客勧誘情報が多いので注意がいる。弁護士になって以降の経歴、過去の取扱事件、著書、論文、思想、信条、考え方などを参考に判断する必要がある。

## 弁護士の経験年数

弁護士が一人前になるにはある程度の年数が必要である。この点は、医師、教師、大工などと同じである。テレビドラマでは、医師になったばかりの若い医師が活躍する物語があるが、これはフィクションであって、新米の医師が医学的にできることは限られる。治療経験や手術経験のない医師は、自分の能力を超えることをすればミスを冒しやすい。弁護士も同じである。

誰でも失敗しながら経験を積み、一人前になるのであって、最初はミスが多い。経験の少ない弁護士はミスを冒しやすい。また、どんなに経験のある弁護士であっても前述したようにミスを冒すことがある。特殊な法令や難しい法解釈が関係する場面では、どんなに経験のある弁護士であっても判断ミスを冒すことがある。

かつては、弁護士の資格を得てすぐに開業する（即独と呼ばれる）弁護士はほとんどおらず、ほとんどの弁護士が、最低でも数年間はイソ弁（勤務弁護士）として経験を積んだ。イソ弁として年配の弁護士と一緒に仕事をした後に独立開業をし、あるいはパートナー弁護士（法律事務所の共同経営者）になった。かつては、経験の浅い弁護士は一人前の弁護士として扱われなかった。これがかつての弁護士の徒弟制度だった。

私が自分自身のことを振り返っても、「弁護士になって数年間は失敗が多かった」と感じる。当時の私がミスをしても大きな損害に至らなかったのは、勤務弁護士として常に事件を他の弁護士と共同受任していたからである。

前述したように、弁護士になって間がない新人弁護士が自治体の法律相談会で行ったアドバイスに基づいて行動した結果、相談者に6000万円以上の損害が生じたケースがある。弁護士が相談者に、「賃料増額の合意をしても、合意したという証拠がなければ裁判で否認できる」、「増額賃料の支払いをしないこともひとつの方法である」などとアドバイスし、相談者がその通りに行動した結果、賃貸借契約が解除されて大きな損害を被った。

弁護士のこのアドバイスはお粗末であり、弁護過誤である。弁護士は、「賃料増額の合意をしたのであれば、それを支払う義務がある」、「証拠がなくても、合意内容を否定して増額賃料の支払を拒否することは、リスクがあまりにも大きいのですべきではない」、「合意内容に不満があれば、増額した賃料を支払ったうえで、裁判所に賃料減額の申立をする方法がある」などとアドバイスすべきだった。

このケースでは、裁判所は「諸般の事情」を考慮して弁護士の損害賠償責任を否定した（東京地裁昭和57年5月10日判決）。裁判官は、弁護士になったばかりの新人弁護士がこのようなミスを冒したことに同情したのかもしれない。しかし、それは新規弁護士を一人前の法律家として扱わない「大甘」の判決である。自治体の法律相談で応対した弁護士が新米だから責任がないというのでは、相談者はとうてい納得しないだろう。自治体の法律相談は「無料なのでいい加減でもよい」ということがあってはならない。

最近は、弁護士の数が急増し、即独する弁護士が多い。彼らは弁護士登録をした瞬間から一人前の弁護士として行動する。経験の少ない弁護士は未熟であり、弁護士本人も事件処理に自信がないのだが、自信たっぷりに行動しなければ客を得られない。その被害を受けるのは、一般の市民である。

若い弁護士の中には、裁判所に提出する申立書や訴状をまともに書けない者がいる。法律相談で間違ったアドバイスをする弁護士がいる。年配の弁護士でも、勉強不足のために知識の足りない弁護士がいくらでもいるが、彼らは知らないことは言葉を濁してあいまいに答えることが多い。相談者の難しい質問をはぐらかす年配の弁護士のテクニックは見事であり、その点は政治家の答弁と同じだ。しかし、若い弁護士は、相談者の質問に真正面からまともに答えなければならないと考えて、知らないことを間違って回答しやすい。

弁護士の資格を得ても、何年か経験を積まなければ一人前ではない。資格と経験に関するこのような考え方は万国共通である。

ヨーロッパには、山岳ガイドの国家資格に関して、最初の数年間はガイド補であり、経験を積んだ後に正ガイドになれる国がある。

日本では、裁判官は最初の10年間は判事補であり、1人前とはみなされない（ただし、5年経験を積めば、判事補でも単独で裁判できる扱いがなされている）。調停委員は40歳以上の候補者の中から選任される。これは調停委員に人生経験や職業経験を求めるからである。

ノルウェーでは、2年間弁護士補として経験を積んだ後に、弁護士になることができる。弁護士補は「弁護士」ではない。また、ノルウェーでは、3年間判事補（判事補佐官）として経験を積んだ後に裁判官になることができる。北欧では、裁判官は判事を指し、判事補、判事補佐官、判事代理、予備代理判事などは裁判官に含まれない。

デンマークでは、3年間弁護士補として経験を積んだ後に、弁護士になることができる。また、デンマークでは、判事補（判事補佐官）になった後、能力が認められれば35歳から40歳までの間に裁判官に任命されるが、裁判官になれるのは判事補佐官の約半分である。他の判事補佐官は検察庁、行政庁、裁判所などに勤務する（ヨーロッパでは、法曹資格を有する行政官が多い。判事補が検察官、警察署長になる国もある）。

スウェーデンでは、スウェーデン弁護士会に入会しなければ「弁護士」を名乗ることができないが、若い法曹（司法試験合格者）は弁護士会に入会できない。同国では、弁護士会への入会が認められない法曹とイソ弁（勤務弁護士）は「補助弁護士」と呼ばれ、「弁護士」ではない。また、判事補（判事代理）は40歳くらいになってから裁判官に任命される。

アメリカでは、弁護士資格を得た後、法律事務所に就職する弁護士が多く、いきなり開業する即独の弁護士は少ない（『アメリカの大都市弁護士』前出、211頁）。また同国では、40歳以上の経験を積んだ弁護士の中から裁判官が任命される（以上の記述は『北欧法律事情』前出、21頁、123頁、145頁、155頁などに基づく）。

これらは、一定の実務経験を経た者を弁護士や裁判官として認める考え方を表している。ところが日本では、弁護士の資格を得ればすぐに開業できる。日本では、医師や看護師を除き、年数をかけて有資格者を養成することが軽視される。

日本でも弁護士になって3年間程度は実務経験を積む見習期間にする必要がある。このOJT（オンザジョブトレーニング）で弁護士の倫理や心構えなども学ぶことになる。弁護士経験5年未満は未熟であり、弁護士経験10年で一人前になる。

一般に、法律家は法律の理屈でモノを考える傾向があり、弁護士になった当初、弁護士は法律の理屈だけで相談の処理しようとしがちだ。それで失敗する弁護士が多い。法律の適用は数学の応用問題に方程式を使って解を得る過程に似ているが、数学との違いは法律の対象が人間だという点である。人間は数学のように理屈どおりには動かない。人間を理解しなければ、紛争の解決はできない。

弁護士が受ける相談は、人生相談、生活相談、経営相談などと法律相談が混然一体となった相談である。社会に起きる出来事について、法律的な部分だけを取り出して相談するという器用なことは、フツーの市民にはできない。相続や離婚に関する紛争の多くに感情的な紛争が混在している。

相談者は、「紛争を解決したい」のであって、「法律の当てはめ」を求めているのではない。しかし、経験の少ない弁護士は「法律の当てはめ」をして終わる者が多く、しかも、人間の理解が未熟なので的確なアドバイスができないことが多い。

法律の理屈だけで考えれば、離婚の相談は5分も話を聞けば法律的な結論が出ることが多い。自治体の無料相談などでは、時々、弁護士が離婚などの相談を10分で打ち切り、相談者から苦情が出ることがある。

一般の市民の法律相談では（企業などの法律相談を除くという意味である）、弁護士がカウンセラー的な役割をする場面が少なくない。特に、離婚や相続などの親族間の紛争ではその傾向がある。5分も話を聞けば法律的な結論が出るケースでも、1時間話を聞くことが多い。

依頼者や証人の述べている内容が真実なのか嘘なのかを判断するのは、理屈ではなく人間に関する知見による。供述が真実かどうかは客観的な証拠だけで判断できないことが多い。客観的な証拠がまったくないことも多い。社会経験のない弁護士が、紛争の当事者である人間をある程度理解するには、最低でも10年くらいの経験が必要である。

弁護過誤を防ぐためには、一定の年数を経ない弁護士を「弁護士補」にして、単独で事件処理できないようにする制度が必要である。司法試験に合格し、司法研修所で研修を受けただけでは実務経験がないので、一人では適切な事件処理ができないことが多い。司法研修所を出たばかりの裁判官が単独事件の裁判を担当する光景を想像すると恐ろしい。弁護士も同じである。

弁護士を利用する市民の立場では、経験の少ない弁護士は避けた方がよい。しかし、弁護士の経験年数を公表しない弁護士が多い。若い弁護士でも経験のある弁護士と共同受任すれば経験のある弁護士がカバーできる。しかし、しばしば、複数の弁護士が共同受任しても、若い弁護士にまかせっきりにする場合がある。年配の弁護士が金にならない面倒な事件を若い弁護士に押し付けるのである。規模の大きい事務所では、5人の弁護士が共同受任しても、実際にその事件を担当するのは若い弁護士1人のことがある。

ただし、経験を積めば弁護過誤を冒さないということではない。経験を積めば経験不足による弁護過誤は減るが、弁護士は経験を積むにつれて金に執着する傾向が生じやすい。

## 弁護士の情報公開

倫理過誤は、弁護士の経験、知識、能力の問題ではなく、弁護士としての倫理感や人格の問題である。弁護士の倫理感や人格を知るための情報が限られていることに問題がある。

最近は、ウェブサイトに弁護士のホームページを開設している弁護士が多い。弁護士の肩書、役職、出身大学などが掲載されていることが多いが、これらの情報は弁護過誤との関係で役に立たないことが多い。弁護士会の会長や副会長などの弁護士会の役職経験があっても、詐欺や横領などの事件を起こす弁護士がいる。

弁護士のホームページなどでは、弁護士の広告、宣伝が多い。「弁護士に関する情報の開示」と「弁護士の広告、宣伝」を区別する必要がある。弁護士の「取り扱い可能な事件」の表示は広告、宣伝であって、「弁護士に関する情報」ではない。

弁護士が過去に扱った事件は、弁護士の経験や能力を判断するうえで重要である。これは、手術を担当する病院の医師の過去の手術の経歴と同じだ。過去の手術経験のない医師の手術を受けるのは恐い。医師は誰でも必ず、「初めての手術」を経て経験を積んでいく。弁護士も「初めて扱う事件」を経て経験を積んでいく。経験年数の少ない弁護士は、経験のある弁護士と事件を共同受任して経験を積むシステムが必要である。

裁判所は弁護士の能力や経験に関する情報を持っており、問題のある弁護士や未熟な弁護士を知っているが、裁判所がこれらの情報を公表することはない。しかし、破産管財人などは裁判所の裁量で選任するので、重要な破産管財事件の破産管財人に選任される弁護士は、経験のある弁護士が多い。他方、成年後見人は弁護士会や司法書士会が作成する名簿の順に選任されるので、成年後見人に選任される弁護士（司法書士）はさまざまである。

街中に氾濫する広告に惑わされない賢明さが消費者に必要である。私は、テレビで派手なコマーシャルをする弁護士・司法書士に依頼した人の苦情の相談を受けたことが何度もある。

さらに、弁護士の仕事以外の活動に関する情報は、弁護士の倫理感を知るうえで重要である。社会、教育、福祉、学術などのさまざまな団体で活動している弁護士は多い。ボランティアで公益的な活動をする弁護士は、「金で動く」弁護士ではないことが多いだろう。そのような弁護士は倫理感や人格を信頼できることが多い。著書、論文、マスメディアを通した弁護士の発言などから、弁護士の考え方、価値観、思想、信条を知ることもできる。

「商売上のテクニック」として自分の思想、信条、価値観をあいまいにする弁護士が多いが、そのような弁護士は、「何を考えているのか」わからない。弁護士が仕事の上で不偏不党、政治的に中立であるのは当たり前のことであり、それは弁護士が価値観を持たないことを意味しない。「自分の中身」を隠す弁護士は、金のことしか考えていないかもしれない。

弁護士に関してよくわからなければ、弁護士に直接尋ねればよい。弁護士に紛争解決や事件処理に関する質問をすればよい。弁護士は、紛争の当事者が特定されない範囲で、それまでに扱った事件について説明をするはずである。それに誠実に答えない弁護士は、依頼をやめた方がよい。

## 主体的な選択とは何か

今では、インターネットなどで弁護士に関する情報は巷に溢れているが、現実に自分が弁護士に依頼しようとすると、弁護士を賢明に選択するうえで本当に必要な情報は多くない。巷に溢れている弁護士の情報は、弁護士の顧客獲得のための広告や宣伝であることが多い。商品を購入する場合に、消費者が受動的なままでは、「商品を買わされる」ことになりかねない。消費者は、広告や宣伝の内容を鵜呑みにするのではなく、自分で情報を集め、情報を取捨選択する必要がある。弁護士の選択も同じである。

かつて、弁護士の数が少なかった時代には、市民が弁護士の選択に迷うほど弁護士が多くなかった。しかし、弁護士の数が増えた現在では、弁護士の選択に迷いやすい。現在は、名称の似た法律事務所が多く、どの弁護士も「自分こそ優秀である」として派手な広告、宣伝をする。

似たり寄ったりの法律事務所のように見えても、経験の内容、アドバイスの内容、交渉や和解の仕方、弁護士費用の金額などはかなり異なる。さらに最近は、弁護士によって、経験不足、不祥事、問題行動、弁護過誤などの懸念がある。これは巷に類似商品が溢れていても、商品によって品質、味、信頼度に違いがあることに似ている。安い商品には粗悪品が多いが、価格が高くても品質が悪く、「騙された」と感じることがある。日用品の場合には間違って買っても損害が小さいが、弁護士への依頼は数百万円、数千万円の損害をもたらすことがある。

何度も懲戒処分を受ける弁護士は悪質だが、依頼する人がたくさんいるから、その弁護士が何度も懲戒処分を繰り返すのである。何千万円も横領した弁護士は、事件が発覚する前までは、依頼者の信頼の厚い弁護士だったはずだ。そうでなければ、依頼者が何千万円もの大金をその弁護士に預けることはない。新規登録したばかりの弁護士は何千万円もの大金を預かることはほとんどない。大金を預かる弁護士はそれなりの信用があったのだが、外見からは実態が見えないのである。元弁護士会会長などの肩書のある弁護士でも横領などの事件を起こしている。

前記の「悪徳弁護士」の箇所でとりあげた弁護士について、私は、20年くらいの間ずっと、「なぜ、こんないい加減な弁護士に依頼する人がいるのか」と思ってきた。弁護士の業界ではその弁護士のいい加減さは周知のことだったが、社交的で口がうまく、要領のよい弁護士だったので、それに騙される依頼者がいたのだろう。その弁護士は、かつては幅広いコネを利用して多くの企業の顧問弁護士を務めていた。その弁護士の本性が市民に発覚するのに20年くらいかかったということだろう。「いかにも悪徳弁護士のように見える」悪徳弁護士はいないのであって、悪徳弁護士は必ず立派な弁護士のような外観をしている。弁護士を肩書、外観、巧妙な言葉などだけで判断すれば、簡単に騙される。

19世紀のフランスの思想家トクヴィルは、「その国の国民は、国民のレベルに応じた政府を持つ」という趣旨のことを述べたが、その国の司法制度は国民に応じたものになる。日本は、弁護士に関して自由競争にゆだねる範囲が広い。弁護士が簡単に不正行為や問題行動ができる仕組みになっており、弁護士の利用は市民の自己責任とされる。それが、弁護士の多くの不正行為や問題行動をもたらしている。

弁護士の報酬額が弁護士と依頼者の間の契約で自由に決められることは、自由競争がもたらすリスクのひとつである。弁護士の報酬額は弁護士次第なのだ。弁護士の報酬額は、弁護士会の懲戒処分の対象にならない限り自由であり、それが多くの問題をもたらしている。そのようなシステムは企業と一部の弁護士に都合がよいが、一般の市民の利益にならない。

欧米では弁護士と依頼者が対等の立場で議論して弁護士の報酬額を決める。それが自由競争の意味である。あるいは、欧米では弁護士保険に加入する市民が多いので、弁護士の報酬は保険会社が支払い、自由競争の弊害が少ない。

しかし、日本では、弁護士の報酬額は弁護士が一方的に決め、すべて依頼者の負担になる。それが日本的な自由競争である。そのため日本では、弁護士の倫理感次第で市民が簡単に被害を受ける。したがって、市民が弁護士を選ぶ際の主体的なリスクマネジメントが必要である。

人間の人格や人間性は固定的なものではない。学生時代は誠実だった人間でも、弁護士になって以降の競争にさらされて、「金で動く」人間に変わることがある。不祥事を起こす政治家、公務員、会社員もその世界に長く浸っている間におかしくなるのである。業界のあり方次第で人間は簡単に変わる。

弁護士の業界は金が支配する世界であり、金は簡単に人間を変える。このような世界の中で、かりに、「人権の実現に貢献したい」、「困っている人のために働きたい」という初志があったとしても、20年も30年も弁護士をすれば、それを忘れてしまうものだ。弁護士の業界の競争が、そのような「甘さ」を許さない。

これは、政治家を長く務めると、世論と政治資金に敏感な「風見鶏」になりやすいことに似ている。あるいは、若い頃は大志を抱いていた官僚も、長年の官僚生活の中で政権を「忖度する」出世レースに巻き込まれることに似ている。弁護士の業界の仕組みが「金で動く弁護士」を生み出す。弁護士の業界は、「金に魂を売った」人間にとって格好の隠れ家になりやすい。

リスクの程度は、損害と確率の関係で決まる（『よくわかるリスクアセスメント』第2版、向殿政男、中央労働災害防止協会、２０１３）。弁護士の問題行動は露呈しにくいが、それを繰り返す弁護士は、いつかは弁護過誤を犯す可能性がある。それは確率の問題である。弁護士が「金で動く」ことは違法ではないが、そのような弁護士は、事務所の資金繰りが悪くなれば預り金の流用などを起こしやすい。「金で動く」弁護士は、金に困れば弁護過誤を簡単に冒す可能性がある。

問題のある弁護士を避けるためには、弁護士の行動の特性を知っておくことが必要である。そのうえで客観的な情報に基づいて問題のある弁護士を避け、信頼できる弁護士を選択することが、弁護過誤を回避することにつながる。

# あとがき

弁護士に関する暴露本の類は多いが、そのほとんどが弁護士以外の者が書いた本である。弁護士の業界にいない者は何でも自由に書けるが、弁護士の仕事の実態は外から見ただけではわからない。弁護士の業界は狭いムラ社会なので、弁護士はその業界にいる限り、同業者の悪口を書きにくい。この本は、書きにくいことを「弁護士が書いた」点に意味がある。多くの弁護士はこの本を不愉快に感じるだろう。

この本に最初から最後まで金にまつわる話が多いことに、ウンザリする人が多いかもしれない。私もウンザリしている。しかし、これが現実である。「世の中は金がすべてではない」と言う人がいる。人間は、私利私欲ではなく正義感や善意によって動くというのは、どちらかと言えば、「そうでありたい」という願望である。私利私欲なしに仕事をする弁護士は多いが、弁護士全体の中では少ない。

同業者の弁護士からは、「こんな本を書いても弁護士の収入が増えるわけではなく、何の意味があるのか」と言われそうだ。弁護士の仕事を増やすためには、弁護士会の宣伝のように、弁護士のイメージを上げた方がよい。弁護士は正義の味方、社会的弱者の味方、権利の実現を担い国民の人権を守る存在。しかも、それなりの収入を得られて社会的信用と地位がある職業……これが宣伝用の弁護士のイメージである。この意味では、テレビドラマで無報酬で真犯人探しをする弁護士も悪くない。しかし、それらは弁護士の日常的な仕事ではない。市民にとって弁護士を利用するうえで、弁護士の実態を知ることが必要である。多くの国民はマスメディアがもたらす間違ったイメージに支配され、それで社会が動いている。その点は司法に限らない。

本書の中で述べた内容について、「金のない者が弁護士を利用できないことは当たり前ではないか」と言う人がいるだろう。それは、競争社会の「勝ち組」の論理である。また、「弁護士費用を払えないために弁護士に依頼できない人が多い」という私の意見に対し、「そんなことはないのではないか」と言う弁護士もいるだろう。その弁護士は、弁護士費用をすぐに払えるような人たちだけを相手に弁護士をしてきた人である。私は長年、「弁護士費用をすぐに払えない人」を相手にしてきたので、よくわかる。

「弁護士の品位を害する」、「弁護士の業務妨害だ」、「弁護士に恨みでもあるのか」、「弁護士の業界から出ていけ」、「自分だけいい格好しやがって」、「見方が偏っている」などの声も聞こえてきそうだ。いずれも当然の意見である。

ただし、弁護士は多様であり、個々の弁護士によって扱う人も事件も異なる。私がこれまでに経験したことは、一部の弁護士から見れば「偏っている」ように見えるかもしれない。誰でもすべてを経験するのは無理だが、私は、大都市と田舎の両方で30年以上弁護士をし、さまざまな経験をした。偏っているかどうかは、ものごとを判断する基準次第である。

弁護士の仕事の実態を知ることは、国民が弁護士を利用するうえでも、今後の司法改革のうえでも、必要なことである。弁護士の実態を知らずに弁護士を利用すれば、市民が大きな不利益を受けることになる。

この本のI部の見出しは、「絶望の弁護士会」や「絶望の弁護士」ではなく、「絶望の弁護士界」である。弁護士の業界が絶望的なのであって、弁護士が絶望的なわけではない。弁護士になる者の多くが、社会や人々の役に立ちたいという志をもっていたはずである。しかし、弁護士の置かれた社会状況が弁護士から展望を奪っている。制度が変われば人間の行動も変わる。弁護士の仕事が格差社会に翻弄されないためには、それを可能とする制度が必要である。

この本の宮田一郎という著者名は、もちろんペンネームである。私はまだ現役の弁護士であり、「弁護士ムラ」に住んでいる。もし、実名でこのような本を書けば、弁護士ムラで村八分に合い、ムラに住みにくくなる。私はかなり前から弁護士の仕事に嫌気がさしているが、生活のためにまだあと数年間は弁護士業をしたいので、苦痛だがまだしばらくは「弁護士ムラ」に住まなければならない。弁護士の友人たちや依頼者たちから嫌われたくないという気持ちも、多少はある。

どんな仕事でも表と裏、明と暗、良い点と悪い点がある。その業界の負の部分は、反面教師として活動のエネルギーになる。克服すべき課題が多いほどやりがいが生じ、困難が人を育てる。弁護士の仕事と業界をバラ色に描くことは無責任である。課題や困難に挑戦し、問題を解決できる意欲と能力のある人こそ、これからの弁護士にふさわしい。

この本は逆説的なスタンスで書いている。本書で述べたように、弁護士の業界は絶望的だが、問題と課題が多いことは発展の可能性が多いことを意味する。これからの弁護士は司法の発展のために活躍する余地がいくらでもある。この本を読んで、弁護士の仕事に本気で絶望するような「素直な」人には、この本は向いていない。

宮田一郎（みやた・いちろう）
弁護士。大都市と人口の少ない地方都市で30年以上弁護士をしている。弁護士になる前は公務員をしていた。
裁判所の調停委員、国と地方自治体の審査会の委員、ボランティア団体・市民団体の役員、多くの労働・行政・公害・国家賠償・消費者事件等の代理人を務めた。
実名で多くの雑誌記事・論文・著書を書いている。

**激変する弁護士——文系エリートの実態と失敗しない選び方**

2021年1月25日　初版第1刷発行

著者 ———— 宮田一郎
発行者 ——— 平田　勝
発行 ———— 共栄書房
〒101-0065　東京都千代田区西神田2-5-11 出版輸送ビル2F
電話　03-3234-6948
FAX　03-3239-8272
E-mail　master@kyoeishobo.net
URL　http://www.kyoeishobo.net
振替　00130-4-118277
装幀 ———— 北田雄一郎
印刷・製本 ——— 中央精版印刷株式会社


ISBN978-4-7634-1097-9　C0036